人が動く　ものが売れる編集術

ブランド「メディア」のつくり方

嶋浩一郎・編

誠文堂新光社

はじめに

成功する「ブランド」メディアをつくるには

この本を手に取っていただきありがとうございます。

スマートフォンやｉＰａｄなど新しいデジタルデバイスが広がり、ミクシィやツイッターなどのソーシャルメディアが続々登場する現代。まさにメディアが濫立する時代に、成功するメディアはいかにつくられているのでしょうか？

インターネットの登場で、誰もがメディアをつくり、発信側にまわることができるようになりました。一部のアルファブロガーといわれる人たちのなかには、かなりのアフィリエイト収入を得ている人もいます。しかし、すべての人がメディアをつくれる状況にあることと、すべての人が成功する「ブランド」メディアをつくれるかはまったく別の話です。成功するメディアには、必ず「編集」の技が存在しています。

この本は、２００９年に私がコーディネートし、モデレーターを務めた「21世紀の編集学校」の講義内容を収録したものです。紙メディア・デジタルメディアの第一線で活躍し、ビジネス的にも成功を収めている編集者たちが、人が動く、お金が動く、つまり「ブランド」になるメディアをつくる編集の手法を語った講義は具体的な手法やヒントに溢れています。世の中に「編集」をテーマにした本は数多く存在しますが、「ＰＶが稼げるネット記事の書き方」や「広告がとれる編集記事の書き方」など、今のメディア環境に即した実践的なノウハウを紹介するものはあまり見当たりません。この本には、テクノロジーが進化し、情報環境が変わっていく今、メディアをつくる人が活用できるティップスを満載しています。

たとえば次のような人たちの仕事に役立つのでは、と自負しています。

①企業の宣伝部・広報部やウェブを担当する部署にいて、
企業サイト・ＰＲ誌など自社メディアの開発を業務にしている人。
②出版社で働いていて、デジタルメディアでの新しい表現を模索している人。
既存の出版コンテンツをベースに、ビジネスモデル開発を担当している人。
③企業の広報部、あるいはＰＲ会社で働いていて、
メディアに対してパブリシティを仕掛けたい人。
④メディア研究をしている学生。
21世紀の新しいメディアリテラシーを体得したい人。

編集力＝ユニバーサルな能力

私自身は広告会社の博報堂に入社し、PRの部門に配属され、20代は企業の情報戦略に携わりました。テレビ局、ラジオ局、新聞社、出版社に企業の情報をプロモートする仕事です。メディアがどんなプロセスで商品化されるのか、つまり誰が構成を決め、見出しなどがどうやって決まっていくのか、外部からメディアを細かくウオッチしました。なぜならそのプロセスを知らないと、自分の売り込みたいネタをうまく記事化、番組化できないからです。様々なメディアの編集方法を研究していきました。

その後、朝日新聞社に出向し、スターバックス コーヒーなどで販売された若者向け新聞「ｓｅｖｅｎ」の媒体開発に携わりました。編集をしながら広告集稿のシステム構築から販売まで携わり、媒体をあらゆる側面から組み立てる初めての体験をしました。博報堂に戻ってからはクリエイティブディレクターとして企業の広告キャンペーンを企画しながら、博報堂が刊行する雑誌「広告」の編集長を務めました。現在は博報堂ケトルという会社を設立し、既存の手法にとらわれない広告キャンペーンを立案実施しつつ、メディア開発にも積極的に関わっています。ネットニュース配信事業を行ったり、カルチャー誌の編集長も務めています。

17年間、広告やメディア開発に携わってきたわけですが、今感じることは「編集」の技術がユニバーサル化していることです。かつて広告はCMやグラフィックが中心でした。しかし、今ではツイッターなどのソーシャルメディア、デジタルサイネージ（電子広告媒体）など様々なコミュニケーションのチャネルが濫立しています。広告制作のリーダーであるクリエイティブディレクターには、インパクトのあるCMや心に響くグラフィック作品をつくる表現力に加えて、それら様々な武器を使いこなし、効果的に組み合わせる編集能力が求められるようになったわけです。

クライアントの伝えたいメッセージを世の中に伝えていくためには、どのタイミングでどのツールを活用し、どんなふうにターゲットに語りかけるのか、そんなシナリオを「編集」する技術が必要不可欠です。広告キャンペーンを構築する仕事は、一つの雑誌の特集をつくる作業と似ていると思っています。それは他の仕事についても同様だと思います。「編集」はユニバーサルな能力なのです。

編集力はビジネス力

以前、ロンドンの自然史博物館を訪れたとき、「やられた」と思いました。エントランスに置かれた恐竜の骨格標本。その恐竜を解説するプレートには「恐竜は、歩くときに尻尾を引きずりませんでした」とありました。標本を見ると確かに尻尾を振り上げています。隣の部屋に進むと数種の恐竜の骨格模型があり、「恐竜は違う種類の恐竜と群れをつくって暮らしていました」という解説が。

「ジュラ紀、肉食……」といったそっけないプレートしかない博物館とは大きな違いですよね。恐竜に関心がなかった人も、なんだかすっかり恐竜のことが気になって、この後に出てくる展示物にも興味津々という感じになります。

博物館は「恐竜」という世界を来館者にプレゼンテーションする施設。それは「恐竜」ブランドを世の中に伝える広告キャンペーンを構築したり、「恐竜」特集の雑誌を編集する作業と基本的には同じです。同じコンテンツをプレゼンするにしても、「編集」次第で人の関心をどれだけ集められるかは大きく変わります。そして人が集まることでその空間やメディアの「広告媒体」としての価値も高まります。協賛企業や広告主がより集まりやすい「場」となるわけです。また、デジタル化が進んだ今は、人が集まれば集まるほど、集まった人たち自身がもたらすコンシューマージェネレーテッドな情報の精度も上がり、そこに価値を見出す企業や人も更に増えます。つまり「編集」技術がお金を生む源泉になるわけです。

本書では、紙メディアとデジタルメディアの第一線で活躍する編集者たちが、いかにして「ブランド」メディアをつくり出しているのかをご紹介します。11人の編集者たちの発言からは、「編集」という視点で新しいビジネスモデルを生み出すノウハウが読み取れるのではないでしょうか。

——編者　嶋　浩一郎

もくじ

本書は2009年8月から11月にかけて「自由大学」（IID世田谷ものづくり学校）にて開催された講義「21世紀の編集学校」（モデレーター／嶋浩一郎、中川淳一郎）をもとに編集・加筆し、一部新たな取材を行い構成しています。収録した情報は、個別の注記があるものを除き講義が行われた時点のものですが、カバーともくじ、各扉に記載した各氏の肩書きは2010年9月時点のものです。

ヤフー・ニュースのつくり方

奥村倫弘
ヤフー・ジャパン　編集本部メディア編集部長

1969年生まれ。1992年同志社大学卒業後、読売新聞大阪本社入社。福井支局、奈良支局、大阪経済部を経て、1998年、ヤフー・ジャパンに入社する。以来、「ヤフー・ニュース」の編集を担当。ヤフー・トピックスの「13・5文字」タイトルをつくった編集者として知られ、著書に『ヤフー・トピックスの作り方』（光文社新書）がある。

月間PV45億のニュースサイト

「ヤフー・ニュース」(1)のユニークユーザーは今、月間で約６千９百万人。ＰＶ（ページビュー）で言うと、月間約45億ＰＶあります。(2)多くの人に見てもらえることで広告収入を確保できますが、決してＰＶだけを狙うやり方はしていません。ではどうやって、これだけ多くのユーザーに支持していただけるような存在になりえたのか？

そもそもヤフーは１９９５年に、検索サービスの会社としてアメリカで生まれました。日本に来たのは１９９６年のこと。最初はやはり検索のサービスしかなかったんですが、そのときすでにアメリカではニュースサービスを始めていて、その連動で日本でも始まった、くらいのことでした。ただそもそもの願いとして、ヤフーはユーザーにとって身近なサービスでありたいという思いがあった。そこで「一番身近なものは何だろう」と考えたときに出てきたのは、やっぱり「ニュース」だったんですね。生活の必需品としてのニュースサービスをやりたい、という流れだったんです。

「ヤフー・ニュース」がどうやってつくられているかというと、自分たちで取材をして記事を書いているわけではありません。「ヨミウリ・オンライン（読売

(1)「ヤフー・ニュース」は、ヤフー・ジャパンが運営するポータルサイト、ヤフー内で提供されているニュース。

(2) ＰＶ（ページビュー）は、そのページが閲覧された数のことで、2番手以降のニュースサイトのＰＶは月間約1億であり、「ヤフー・ニュース」だけが別格である。なお、ＵＵ（ユニークユーザー）はサイトを訪れたユーザー数。同じ人間が違うブラウザで開いてもカウントされるため、実際のユーザー数と異なる場合もある。

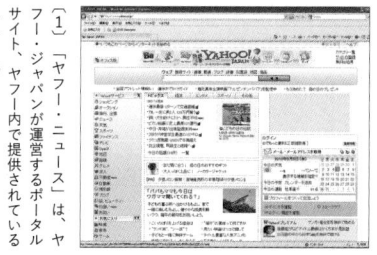

新聞社)」といった新聞社サイトや、「ライブドアニュース」、「アメーバニュース」、「J-CASTニュース」……など、150以上の媒体から一日約3千5百本配信されてくるニュースから、掲載すべき記事をセレクトして、サイトにアップしています。

今や、他のネットニュース配信者に「PVをとるために、『ヤフー・ニュース』にとり上げられたい」と思ってもらえるような状況になっているわけですが、[3]実は当初はそんな状況になるとは考えていませんでした。じゃあ何を考えていたかというと、シンプルに「1ヶ所にいろんなニュースが集まっていると、便利でいい」ということ。あるニュースサイトで記事を1本見て、「別のサイトの記事が見たいな」と思ったらまた改めてブックマークを開いたり、あるいは別のリンクをたどったり……。一回一回そんなことをするのは、正直言って面倒くさい。それをいっぺんに見られるように編集したのが、「ヤフー・ニュース」でした。それはとても便利ですから。

一つのキーワードとして、「アグリゲーション」という考え方があります。「1ヶ所に集める」という意味です。つまり集めていくことでその商品自体や場としての魅力も上がる。品数の多い百貨店のようなものです。

今ではニュースサービスは、ヤフー全体を支える屋台骨の一つになりました。

ヤフー・ニュースは巨大な集客装置

UU　**6千9百万人**

PV　**45億/月**

(3) 次の章で登場するライブドアニュースの田端さんやネットニュース編集者の中川さんは、「ネット業界は、ヤフー・ニュースという『島田紳助』がいて、その周りに僕たち二番手以降のニュースサイトという『ひな壇芸人』がいる。ひな壇芸人がPVを稼ぐためには、『はーい、こんなニュース書きました!』と手を挙げて、島田紳助(ヤフー・ニュース)に取り上げてもらう」という認識です。ヤフー以外のニュースサイトは、ヤフーにニュースを提供し、代わりにPVを得ています。(嶋)

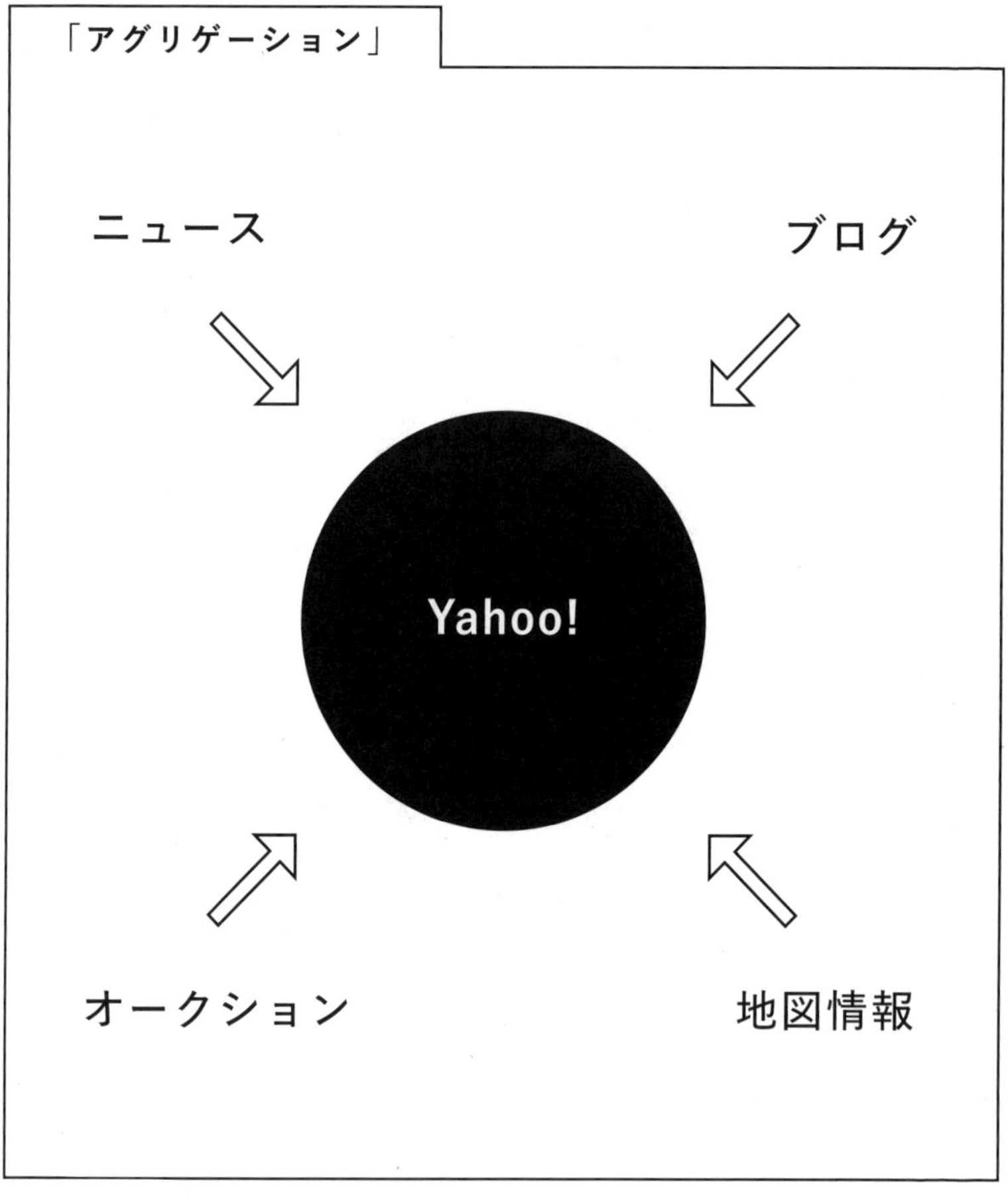
「アグリゲーション」
ニュース
ブログ
Yahoo!
オークション
地図情報

ただ、なぜヤフーがここまで皆さんに支持されているかといえば、必ずしもニュースがあるためだけではない。ニュースだけで成長してきたわけではなくて、たとえばオークションに来たり、検索に来たりしたついでに、知らない面白いニュースを見付けて、記事を見たり。そうやってニュースサイトに来てくれる方もたくさんいるはずです。ヤフー全体がそういう魅力的なサービスを提供できるような「アグリゲーション」を目指してきた。だから総合的に成長してこれたということは言えると思います(4)。

ポータルサイトにおけるニュースの位置付けっていうのは、まさにそういうところなんです。ポータルというのはニュースサイトという意味でもなく、検索サイトという意味でもなく、「こんなサービスがありますよ」とお客さんに示す入口なわけであって。そのなかでニュースサービスとしてできることは何なのかといえば、他のサービスからいつでも人が来てくれるよう、常に満足してもらえる情報を出しておくこと。

そしてさきほど言ったように、「ヤフー・ニュース」には今、月間約6千9百万人のユニークユーザーがいます。そのなかには、きっと小さな子どもたちも、おじいちゃんおばあちゃんもいるはず。そういうことを考えたとき、我々が気を付けなければいけないと思っているのが、当たり前のことですが、「本当のことし

(4) ヤフー・ジャパンのサービスは、2010年9月時点、100以上。

か載せちゃいけない」ということなんです。

2002年に、僕にとっての「エイプリルフール事件」と呼べるような出来事があったんですが、ヤフー・ジャパンは毎年4月に、ちょっとした冗談をサイトに載せるんです。その年は「ヤフー・ジャパンが宇宙広告参入へ」っていうニュースを出しました。スペースシャトルの機体の羽に液晶パネルを付けて、そこに広告を出すという。写真もうまく合成されていて、その広告をじーっと見てると、15秒後くらいにポンと「今日はエイプリルフールです」と画面がアニメーションに変わる、そういうジョーク。そのニュースをヤフーのトップページのトピックスにもアップしたんです。そしたらなんと、「ヤフーの株を買っちゃった」という人から連絡が。

そのとき僕は、『ヤフー・ニュース』でとり上げたことが、実生活にどんなに影響するか」ということを改めて考えました。本当であることしか載せてはいけない、いくらジョークでも、嘘やネタは載せてはいけない。真偽の定かでないことはもちろん、アダルト向けの記事とか、人を不愉快にするかもしれない記事とかを、載せるわけにはいかないんです。

ヤフトピを目指す記事の勝ち上がり戦

では、実際に「ヤフー・ニュース」がどうやってつくられているかをお話ししたいと思います。

「ヤフー・ニュース」は自分で取材して記事を書いているわけではないと言いました。編集作業は、まず、約150の配信元から送られてくる記事を選ぶことから始まります。一日40~50の載せるべき記事をピックアップして読んでいく。するると、「これについては、もうちょっと知りたい」と思うようなものが必ずあるんですね。そこで僕らは、読者が読んだらきっともっと知りたいと思うであろうニーズの先回りをして、関連情報を検索します。そして、記事の下にリンクを張るんです。その記事の背景がわかるような解説や、プレスリリース、役に立つサイトなどです。〔5〕

配信元がそうした関連ニュースまで付けてくることもありますが、全部そのまま載せるわけでもなく、過去に出た関連する記事も含めて、自分たちでリンクを紡いでいきます。この1ページを見たら、この話題についてはだいたいわかる、というように、まとめて一つのパッケージにすることは、重要な仕事なんです。そして仕上げとして、コンパクトな見出しを付ける。配信元が付けていた見

〔5〕 ニュースの下にある「関連情報エリア」は、一般の方が書いています。トピックスエディターという制度で、簡単な試験を受けてもらって、受かればここに書くことができるようになるんです。そのニュースの背景や知識など、より理解を深めるような情報が編集されています。（奥村）

ヤフー・ニュース編集者の仕事は配信記事のパッケージ化

見出し*
＋
配信された記事の本文
＋
関連サイト*
＋
関連ニュース*
＋
関連情報★

＊はヤフーでリンク
★はユーザーが作成

＝「ヤフー・ニュース」のパッケージ

↓

このニュースに関することがほぼわかるようにする

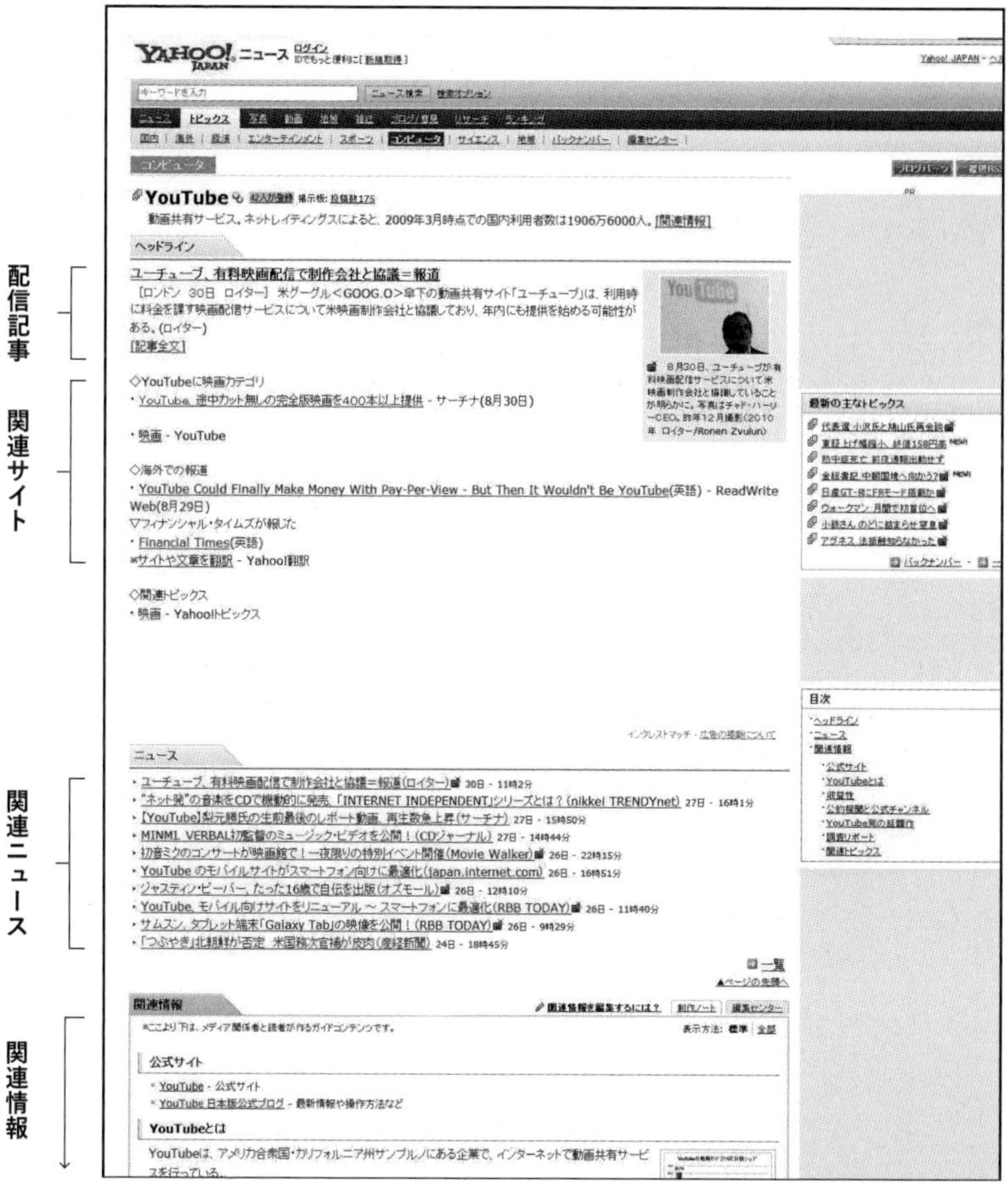
YAHOO! JAPAN ニュース
コンピュータ
YouTube
動画共有サービス。ネットレイティングスによると、2009年3月時点での国内利用者数は1906万6000人。[関連情報]
ヘッドライン
ユーチューブ、有料映画配信で制作会社と協議＝報道
［ロンドン 30日 ロイター］ 米グーグル<GOOG.O>傘下の動画共有サイト「ユーチューブ」は、利用時に料金を課す映画配信サービスについて米映画制作会社と協議しており、年内にも提供を始める可能性がある。(ロイター)
[記事全文]
◇YouTubeに映画カテゴリ
・YouTube、途中カット無しの完全版映画を400本以上提供 - サーチナ(8月30日)
・映画 - YouTube
◇海外での報道
・YouTube Could Finally Make Money With Pay-Per-View - But Then It Wouldn't Be YouTube(英語) - ReadWrite Web(8月29日)
▽フィナンシャル・タイムズが報じた
・Financial Times(英語)
※サイトや文章を翻訳 - Yahoo!翻訳
◇関連トピックス
・映画 - Yahoo!トピックス
ニュース
・ユーチューブ、有料映画配信で制作会社と協議＝報道(ロイター) 30日 - 11時2分
・"ネット発"の音楽をCDで継続的に発売、「INTERNET INDEPENDENT」シリーズとは？(nikkei TRENDYnet) 27日 - 16時1分
・[YouTube]梨元勝氏の生前最後のレポート動画、再生数急上昇(サーチナ) 27日 - 15時50分
・MINMI、VERBAL初監督のミュージック・ビデオを公開！(CDジャーナル) 27日 - 14時44分
・初音ミクのコンサートが映画館で！一夜限りの特別イベント開催(Movie Walker) 26日 - 22時15分
・YouTube のモバイルサイトがスマートフォン向けに最適化(japan.internet.com) 26日 - 16時51分
・ジャスティン・ビーバー、たった16歳で自伝を出版(オズモール) 26日 - 12時10分
・YouTube、モバイル向けサイトをリニューアル ～ スマートフォンに最適化(RBB TODAY) 26日 - 11時40分
・サムスン、タブレット端末「Galaxy Tab」の映像を公開！(RBB TODAY) 26日 - 9時29分
・「つぶやき」北朝鮮が否定 米国務次官補が皮肉(産経新聞) 24日 - 18時45分
関連情報
公式サイト
・YouTube - 公式サイト
・YouTube 日本版公式ブログ - 最新情報や操作方法など
YouTubeとは
YouTubeは、アメリカ合衆国・カリフォルニア州サンブルノにある企業で、インターネットで動画共有サービスを行っている。
配信記事
関連サイト
関連ニュース
関連情報

出しは、自分たちでつくり直すことがほとんど。「ヤフー・ニュース」の見出しは13・5文字なのですが、記事のパッケージに対してどんな意味を持たせるかを考えながら、見出しを付けていきます。

ここまでの作業にどれだけの時間がかかるかは、記事の内容によります。関連サイトも何もいらないからとにかく早く出さなきゃいけないという、速報タイプのニュースもあるし、逆にじっくり関連サイトを張っていかなきゃいけないようなものは、半日くらいかかってるものもある。

そうしてパッケージ化されたニュースを配信するわけですが、編集部は365日24時間、3交代制で、必ず誰かがニュースを見ているようにしています。アップされっぱなしになるような大きいニュースは、刻々と状況も変わっていくので、トップ画面に上げた後も内容を更新して、ずっとメンテナンスし続けます。[6]

トップの画面に置く「ヤフー・ニュースのトピックス」の記事は、8本。その画面の下のほうにある「一覧」をクリックするとニュースは8つのジャンルに分かれていて、トップに入らなかった記事が並んでいます。[7]

順序で言うと、僕らは最初にこの一覧のほうをつくっていくんですよ。ピックアップされた記事はまずこの一覧に入って、8つのジャンルから「どれが一番、今トップに出すのにふさわしいか」を見極めて、上げていく。言ってみれば、記

〔6〕 3交代制で、数人ずつでシフトを組みます。やはり複数人でチェックする必要があるから。選んだ記事が正しい情報か、付けた見出しが誤解を生まないか、リンクの張り方が適切かなど、お互いに確認しあい、デスクもそういった指示を出していきます。(奥村)

〔7〕 8つのジャンルは、「国内」「海外」「経済」「エンターテインメント」「スポーツ」「コンピュータ」「サイエンス」「地域」。

「ヤフトピ」に向けて記事の勝ち上がり戦

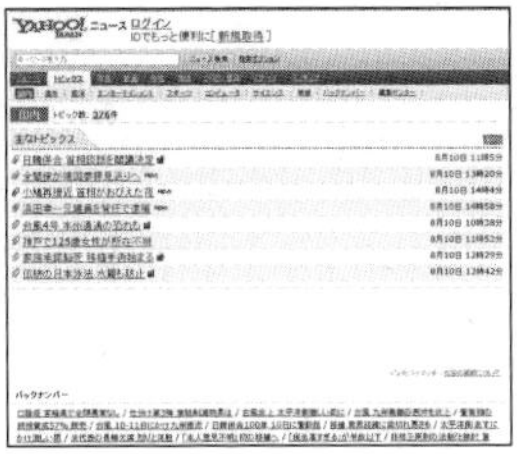

編集者の仕事の手順は

まずはニュース一覧を制作

↓

そこから

「ヤフトピ」にふさわしい記事を

セレクトする

事の勝ち上がり戦みたいなもの。

記事を選ぶのも、トップに上げるのも、同じ編集部でやっています。10数人で、「これは出せるかも」「こっちが良い」ということをやっていて、そのときにみんなで共有している「『ヤフー・ニュース』としてのアリ・ナシ感」で真っ先に来るのが、さきほどお話しした「嘘がない」という大前提なんです。それは逆に考えると、全部アリとも言えるわけですが、ではそのなかで何を優先して上げていくのかというと、まず、一番新鮮な情報が欲しいんです。ユーザーが朝出社してパソコンを立ち上げて、真っ先に目に入るものとして、「え、こんなことがあったの？」という驚きが欲しい。そういう意味では、昨日の出来事よりは今朝早く起きた出来事のほうがいいんです。でもやっぱり、「昨日何が起きたんだ」ということもここで知りたい。主要なニュースもちゃんと掲載されていて、それと同時に、生活に潤いを持たせるようなニュースも当然載せたい。大雑把に分けると、「世の中の動きがわかるニュースが6割、エンタメ的ニュースが4割」くらいの感覚です。〔8〕

やっぱり企業でやっているわけですから、広告収入のためにPVがとれる・とれないというのは非常に大きな問題です。事業体として成り立とうとするとPVは稼がなければいけないわけで、読者が「欲しい」「読みたい」というものは絶

〔8〕 トピックの切り替えのタイミングはいろいろありますが、たとえばいくらPVがとれる記事でも、ずっと同じものを上げていたら「なんだ変わってないじゃん」とユーザーがっかりしますよね。だからやっぱり変える。それから、記事の内容によってアップするタイミングを図ることもあります。「ヤフー・ニュース」がよく見られる時間帯は、午前中、お昼休み、退社前。この3つの山のなかで、「朝から見るものではない」という記事は、ズラして上げたりするんです。「ハンバーガーの話題は、朝イチよりお昼前に上げたほうが、食欲が湧いて見たいよね」などと。（奥村）

対に上げていかなければいけない。

でも一方で、PVは狙えないかもしれないけど、知っておくべき情報というのが、世の中にはあるんですよ。政治のことだったり、環境の問題だったり。そういうものは、真っ先には読まれないかもしれないけれど、でも出すんです。

僕は以前新聞社の記者をやっていたのですが、現場で取材をしている記者というのは、たとえば「自分はこの仕事で金持ちになるんだ」とか、そういうことは一切考えてないんですね。自分が書いた記事がどれだけ世の中の役に立ったかということを自分の存在意義にしている人たちがたくさんいる。そういう想いでつくられてきた記事には、読んでおかなければいけないものが多くある。年金の話も、環境の話も、「絶対に読みたい」と興味を持たれるものではないかもしれませんが、誰か一人でもいいから「自分は環境問題に対してこうするべきだ」と考えて、何かのアクションをとってくれる人がいたら……と思うわけです。[9]

とはいえ、これは微妙な話ではありますが、やはり引きのない記事ばかり載せていたら企業としてビジネスが成立しなくなってしまいます。「世の中のため」だけでトピックスの8本を固めたら、まったく読まれずに、僕らはゴハンが食べられなくなってしまう。するとサイト自体の存続が危うくなります。だから、単純に読んで楽しい、面白い記事もトピックスに入れています。「ガチャピン ムッ

〔9〕 僕は1992年から6年ほど読売新聞に勤めて、1998年にヤフー・ジャパンに転職しました。その間にウインドウズ95が発売されて、初めてインターネットが一般に登場してきた。そのとき僕は福井支局の記者だったんですが、片田舎にもなんとインターネットカフェができて、初めてインターネットを見ました。「いろんな情報が、ここにいながらにして見られる」って言われても、最初は意味がわからなかった。でも、それまで福井の原発の記事を書くのに「何号機は稼働してますか?」といちいち問い合わせなきゃならなかったけど、そのパソコンのなかではアメリカの原発の稼働状況までもが瞬時に地図で出てくるわけです。今でこそ当たり前ですが、「取材をしなくてもここでわかる」ということがとにかくすごい! と思いました。ちょうどその頃、ロシアのタンカー「ナホトカ号」が座礁して福井に流れ付いたという事故がありました。住人がその模様をデジカメで撮って、実況中継をネットに上げていったんです。それって、「記者って何してるんだっけ?」という話になりますよね。それで、インターネットの世界に興味を持って、ヤフー・ジャパンに転職したんです。(奥村)

クとケンカ」とか「コボちゃん27年目にしてお兄ちゃんになる」という記事とか、すごく読まれるんですけど（笑）、でもまたそれで8本固めちゃうと今度は、大事なことが見えなくなる――。

つまり、僕のように新聞記者をやってきた人間の想いからすると、ただ単純に「読むべき記事」と「面白いから載せる記事」とを、常にこういう割合で載せておこうというだけの話ではないんです。面白い記事を見て「あ、何だろうこれ」って知っておくべき記事のページに来てもらいたいということなんです。で、そこに来てくれて初めて「環境問題ってこうなってるんだ」とか「年金問題って何だろう」と、大事な記事が読まれるようになる。言ってみれば、エンタメ的な記事というのは、いい意味での呼び水なんですね。

PVだけを狙わないというのは、そういうことです。ニュースを起点に、ユーザーに有益な情報を提供すること。これは、僕なりに結論づけた「ヤフー・ニュース」の在り方です。

現代の俳句　13・5文字の見出し

見出しの付け方にも、「ヤフー・ニュース」なりのやり方があります。

まずは見出しを13文字、正確にいうと13・5文字〔10〕に収めること。この短い文字数のなかに記事の内容を凝縮していこうと思うと、結局当たり前の話、短縮するしかないんですよ。その方法は大きく分けて2通り。一つは言葉を言い換えたり省略したりして、単純に短くする。もう一つは、ユーザーに想起させるように持っていくこと。

たとえば「日本S速報 日ハムがリード」という見出しを付けました。日本「シリーズ」を「S」と短縮したわけです。この話題がアップされた時期に「日ハム（日本ハムファイターズ）」というワードが出てくれば「日本S」とだけあっても「あぁ、日本シリーズの速報だな」と、見た人は想起するだろうと。一つやり方を間違えると何を言っているのかわからなくなってしまうのですが、うまく省略と想起が働くと、13・5文字でも十分内容がわかるんです。

ある意味、英文読解の「この単語がわかると、こっちの単語の意味もわかる」に近いかもしれません。現代の俳句と言っていいかもしれない。もちろん、もっと文字数を増やしたほうがもっと読めるし、実際に15文字までこのスペースに入るのですが、「僕らはもう13文字でいいよね」という話をよくしているんです。なぜかといえば、人間が読まずにパッと見ただけで瞬間的に意味をつかめる、ダイレクトに伝わってくる長さが13文字らしいんです。テレビのニュースのテロッ

〔10〕フレーズとフレーズの間に、読みやすいように半角スペースなどを入れると、13・5文字になる。

チームワークによる見出しのブラッシュアップ

ex）会社の PCを私的利用する人が多い
という記事のタイトルの変遷例

「６割が会社のメールを私的利用」

↓ 5分後

「職場ＰＣでショッピングを」

↓ 9分後

「禁止でも職場ＰＣで買物４割」

プも、映画の字幕も、新聞の社説も、ほぼ一段13文字。僕も経験上、そう思います。

今は、他のニュースサイトもこれに合わせていることが多いようですが、「ヤフー・ニュース」は、配信されたニュースの見出しを編集部員みんなで手直ししながら、13・5文字に近付けていきます。(11) たとえば、「会社でのメール　セキュリティルールと社員の意識の実態」に関する記事があったのですが、これを載せることを選んだ編集者が最初に付けた見出しは、「6割が会社のメールを私的利用」。内容としては合ってます。これがヤフー・メッセンジャーに上がって、5分後に別の人間が付けたのが、「職場PCでショッピングを」。セキュリティ意識の欠如、ショッピングまでしている実態を伝えたほうがいいんじゃない？　ということですね。今どき私用メールくらい皆してるかもしれない。ショッピングしているなら、それよりゆるいことは全部やってるよ、ということが想起されます。記事の内容も、そこまで含まれていました。更にその9分後、悪いことをしているというニュアンスを入れたほうがいいかも、ということで別の人が「禁止でも職場PCで買物4割」と。「ショッピング」を「買物」にしたら、「禁止」が入った。これが最終的にアップされました。

こうして、記事を選ぶときと同じように、全員で感覚を共有しながらブラッシュアップしていくわけですが、他にも例をいくつか挙げてみます。

(11) 編集部では、ヤフー・メッセンジャーを使って掲載する記事の本文や見出しを皆がリアルタイムで共有するようにしています。(奥村)

「ヤフー・ニュース」見出しのつくり方　その1

元タイトル「被爆マリア像ゲルニカへ　無差別爆撃の追悼会場で展示」

→「被爆マリア 追悼のゲルニカへ」

記事は、長崎で被爆したマリア像が平和を訴えるために、スペインの内戦で無差別攻撃を受けたゲルニカ市で公開されるという内容でした。元の見出しからさほど変えてはいないのですが、やはり見出しでも犠牲者たちの悲しみが伝わったほうがよいだろうという意見が出て、「追悼の」と冒頭に付けました。ゲルニカといえば、ピカソが描いたことでも有名ですが、この言葉でどんなことが起きた場所だったのかが思い起こされますよね。また、「被爆」で、マリア像がどういった運命をたどったものかもわかる。エモーショナルな部分がきちんと表現できたと思います。

「ヤフー・ニュース」見出しのつくり方　その2

元タイトル「救助の瞬間、映画『海猿』思った…生還の3人」

→「救助の瞬間、『海猿』思い出す」

八丈島沖で起きた転覆事故で、3人の漁師の方が救助されたというニュース。これは元のタイトルも良かったので活かしたかったんですよ。文字数を減らさなければいけないのですが、ニュース的に言えば「3人が助けられた」という人数は入れたかった。でも、それを入れるとオーバーしてしまうため、編集部で話し合った結果、思い切ってそこは削り、「海猿」を残した。

これは実は、トピックスにずっとアップされていて、続報によって見出しが次々と遷移していくタイプの記事でした。どこまで編集者とユーザーの経験が共有できているか、そのタイミングにその言葉の持っている意味をユーザーに理解してもらえるかどうか、「想起」の固まりのような付け方になるので、リスクは高いです。僕らは、その前に何が起きていたのか――大きな海難事故があったことを皆が知っていて、だからここで「海猿」といきなり言っても「あのことだ」とすぐにわかってもらえるだろうと考えたのですが、ひょっとしたら、初めて見た人にとっては「誰が何を言ったんだろう」と、まったく理解されない可能性もありました。

「ヤフー・ニュース」見出しのつくり方　その3

元タイトル「アイスランド、マクドナルドの最終営業日前に大行列」

↓「マック撤退の国　最後は大行列」

これは編集部泣かせのタイトルでした。アイスランド、短くできないんですよ(笑)。

アメリカなら「米」など略せますが、どうしたらいいかわからない。で、しょうがない！　と、「撤退の国」というふうにアイスランドを表現しました。どこの国か、ということよりも、「そういう事象がある」ことのほうがニュースだったので。で、どういう最後を迎えたのかもニュースなので、ここは「最後は大行列」としました。

やっぱり編集の妙味って、切り捨てることにあるんだと思うんですね。それから、「？」もなるべく付けないようにしています。記事の内容自体が推測の場合や、結論がないときなどは付けますが、ユーザーを「釣る」目的のためには付けない。クリックしなくてもちゃんと内容がわかるようなタイトルづくりというのを僕らはしているんです。そして、内容を読むと更にわかるというわけです。

「ヤフー・ニュース」はメディアか

「ヤフー・ニュース」はメディアか、インフラか。まさに今、世の中でも議論されていることだと思います。

僕の考えを言えば、まず、これはインフラという言葉の捉え方によると思うんですが、いわゆる道路や鉄道や水道みたいな、生活の基盤となるような仕組みのインフラとして捉えたならば、違うと思います。たとえば水道なら、水が管を通ってきて蛇口をひねったら皿を洗うのにも使えるし、風呂の水をためることもできるし、トイレで流すこともできる。水はいろんな目的で使われるし、いろんな場所の蛇口から出る。同じように、インターネットという水道管を流れる情報は、PC、ケータイ、テレビと様々な出口から取り出すことができ、活用できます。「ヤフー・ニュース」は情報であり、そういう意味ではインフラではないんです。

でも、ライフライン的な意味でのインフラかといったら、ひょっとしたらそうだと思います。24時間体制を取っていて、何か大事件が起きたらいつでも速報を打てるようにしていますし、大阪にも支社があるので、東京が駄目になったときでも対応できる。田舎の役場のスピーカーアナウンスに近いくらい。

では、メディアかどうか。これも捉え方によって変わってくると思っています。あるブログのなかでそれについて討論しているのを読んだことがあるのですが、「取材をするのがメディアだ」と言う人は、「メディアじゃない」と。「いや、これだけたくさんの人に読まれているのだからメディアだろう」と言う人もいました。メディアの定義によるんです。

僕ら自身も、「ヤフー・ニュース」がメディアかメディアじゃないかをはっきり言うことはできません。でも、ニュースを発信する者として強く思っていることは、伝えるべきことを伝えたいということです。

わかりやすくPVを狙えるようなネタが、まったく悪いわけじゃないとは思います。本当に低俗なものは別として、日々生活する上で、コミュニケーションの潤滑油になるような、楽しめるニュースはあってもいい。ちょっとスキャンダラスなものもやっぱり読みたいし、そういう自然な欲求まで殺す必要はない。ただ、それが読まれやすいからといって、ニュースを発信する側が全部そっちに流れていってしまっては危険だと思うんです。

新聞社のような伝統的なメディアがなぜ存在してきたかというと、「ニュースという手段で世の中を良くしたい」という、そんな想いの集まりだったからだと思うんですね。それが「いや、やっぱりニュースというのは、お金になるかどうかが勝負なんです」なんていうことになって、そのビジネスの論理に完全に呑み込まれてしまうと、読み手が本当に知りたいことを知れなくなってしまう可能性が出てくる。[12]

「ヤフー・ニュース」は、多少儲からないかもしれないけれど、本当に大切なニュースを出して、みんなに気付いてもらいたいと思っているんです。エンタメのニュースを見に来たついでに、「あ、ここに何かあるぞ」とわかってもらいたい。子どもの頃、朝の食卓に置いてある新聞の見出しなんかを見て、詳しい内容はわ

〔12〕「ヤフトピにとり上げられるにはどうすれば?」と聞かれることがあるのですが、僕らとしては、あくまでもそのニュースに携わっている人の想いが大事で、トピックスに載ることだけが目的の場合は、申し訳ないですが、「ごめんなさい」という感じです。(奥村)

からないけど、何となく言葉は頭に残りながら学校に行ったりしましたよね。「ヤフー・ニュース」がクリックしなくても内容がわかる見出しづくりをしているというのはそういうことで、目に入るだけで「今、年金の問題が世の中で話されているんだな」などと思ってもらえたら、極端な話、クリックしてもらえなくても構わない。そのくらいニュース発信者としての矜持を持っていたい。そうした想いでこの10数年やってきたことが、今の「ヤフー・ニュース」をつくっているんです。

ライブドア　ブログメディア事業開発室室長
田端信太郎
ネットニュース編集者
中川淳一郎

PVをとれる
ネットニュースのつくり方

田端信太郎　1975年生まれ。1999年慶應義塾大学卒業後、NTTデータ入社。2001年にリクルートに転職。「R25」の源流となるプロジェクトを社内コンペで起案し、準グランプリを受賞。ビジネスプラン策定・媒体コンセプトの策定、広告営業を担当する電通とのアライアンス交渉を行う。創刊後は広告営業責任者として、ナショナルクライアント開拓の営業活動に携わる。ライブドアに移籍後「ライブドアニュース」を立ち上げ、多くのPVを獲得する人気サイトに。

中川淳一郎　1973年生まれ。1997年一橋大学卒業後、博報堂入社。コーポレートコミュニケーション局で企業のPRを行う。2001年に退社後、フリーのライター・編集者として活動したのち、2006年より複数のニュースサイトの編集に携わる。著書に『ウェブはバカと暇人のもの』(光文社新書)、『ウェブを炎上させるイタい人たち―面妖なネット原理主義者の「いなし方」』(宝島社新書)、『今ウェブは退化中ですが、何か?　クリック無間地獄に落ちた人々』(講談社)などがある。本書のもととなった講義「21世紀の編集学校」では編者と共にモデレーターを務める。

ネットニュースはひな壇芸人

田端　ネットニュースと紙の媒体との仕組みの違いで大きなことは、ネットニュースには、他サイトのニュースをお互いにそれぞれ引用しながら、リンクしていくシステムがありますね。これはネットニュースならではです。

中川　ネットニュース同士は、お互いに記事を自分のサイト内に守るのではなくて、交換してリンクを張ってもらって送客し合う関係なんですよね。そしてその引用合戦の大前提として、ネットニュース界最大の存在は、間違いなく「ヤフー・ニュース」。どのニュースサイトもＰＶ（ページビュー）の多い「ヤフー・ニュース」に記事を載せて欲しいんですよ。あらゆるニュースがこの、頂点である「ヤフートピックス」を目指して登っていく。ヤフーをチェックしたりホームページにしている人が大量にいるので、ものすごい数のＰＶがここにある。だから「ヤフー・ニュース」にニュースを置いてもらえれば、たくさんの人に見てもらえるわけです。ヤフーって別に自分たちでニュース記事を書いてるわけじゃなくて、いろんな媒体から上がってくるニュースのなかから記事を選んで、「ヤフー・ニュース」に載せてるっていうことなんです。

ヤフー・ニュースにとり上げられると配信元はPVが増える

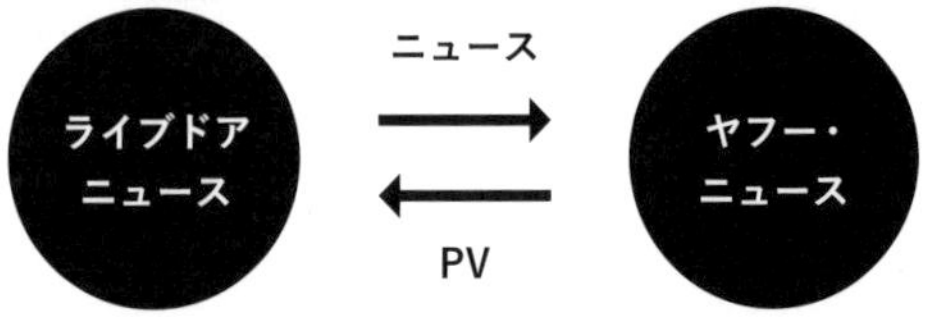

田端　「ヤフー・ニュース」って、僕ら他のニュースサイトからしてみれば、競争相手とかじゃないんですよね。もうあまりにもレイヤーが違う。どちらかというと取次とかコンビニみたいな存在。自分たちの記事がここに載らないと流通していかないんで。「ヤフー・ニュース」にニュースを取り上げてもらって送客してもらう。バラエティ番組で「ひな壇芸人」がネタを言って島田紳助にイジられるほど、テレビの露出が増えていく。同様に、ニュースが「ヤフー・ニュース」にセレクトされることでＰＶを獲得できるのです。そういうことを僕ら「ライブドアニュース」[1]も、他のすべてのニュースサイトも目指している。ネットニュース界はそういう状況です。

中川　「ヤフー・ニュース」をはじめ、他のニュースサイトに引用されるのがオリジナルのコンテンツですね。

田端　そう。「ライブドアニュース」には、「独女通信」、「トレビアンニュース」[2]という独自のニュースコンテンツがあります。

中川　僕が関わっているネットニュースサイトもライブドアの独自コンテンツ

〔1〕「ライブドアニュース」は、ライブドアが運営するポータルサイト「ライブドア」が提供するニュースサイト。

〔2〕次ページ参照

田端の見方　ネットニュースは島田紳助とひな壇芸人

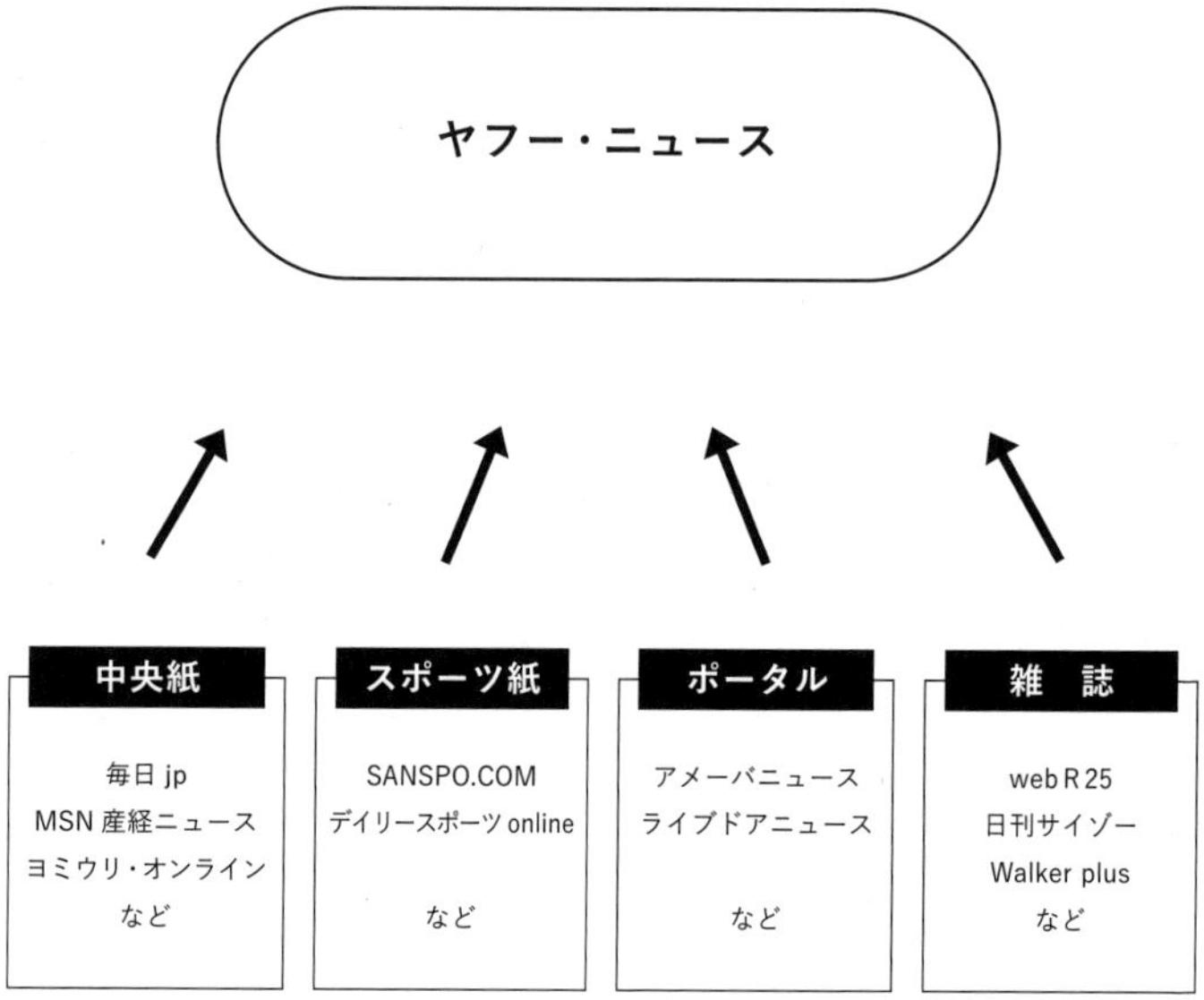

を配信してもらっています。ネットのコンテンツって別に減るものじゃないから、つくったコンテンツはなるべくお互いに交換し合ったほうが、意固地になって隠すよりお互いに得。それでその相手先のサイトにリンクを張ってもらえば、こっちにも来てもらえるという仕組み。他の業種だったらたぶん、こうやってライバル企業同士が手の内を見せ合って話したりしないと思うんですが、僕たちネットニュースはあんまりそう思わないですよね。

田端　そう。ネットニュースサイト全体で、「ひな壇芸人」みたいな感じ。そこはお互いの空気を読み合ってお互いの色を出していく。あうんの呼吸で。「J-CASTはJ-CASTっぽいなあ」とか、「そう来たらウチはやっぱりこうしないと」とか、ニュースの切り口を微妙に変える。ユーザーがそれを面白いと思ってくれれば一番いいですよね。ネットニュースはお金を稼ぐためにPVを獲得しなくちゃならないビジネスなんだけど、PVって別に限られたパイを争うわけじゃないから。ユーザーのネット滞在時間が延びたり、今まで読まなかった人が読んでくれて、全体としてPVが増えた方がいい。そうしたら全体のパイは膨らむので、ネットニュース同士で奪い合うっていう感じじゃないんですよね。これが宅配モデルの新聞社だったら、読者はきっと1紙とったら1紙とるのをや

（2）「独女通信」は「ライブドアニュース」の独自コンテンツの一つ。女性ユーザー向けの、独身女性の本音に迫るコラムとして人気。「トレビアンニュース」はジャンル豊かな提供元からのニュースと、独自のニュースを配信している。既成概念にとらわれない、庶民的な視点で人気だった。（「トレビアンニュース」は更新を終了）

ひな壇芸人はお互いのニュースを交換してPVを増やしていく

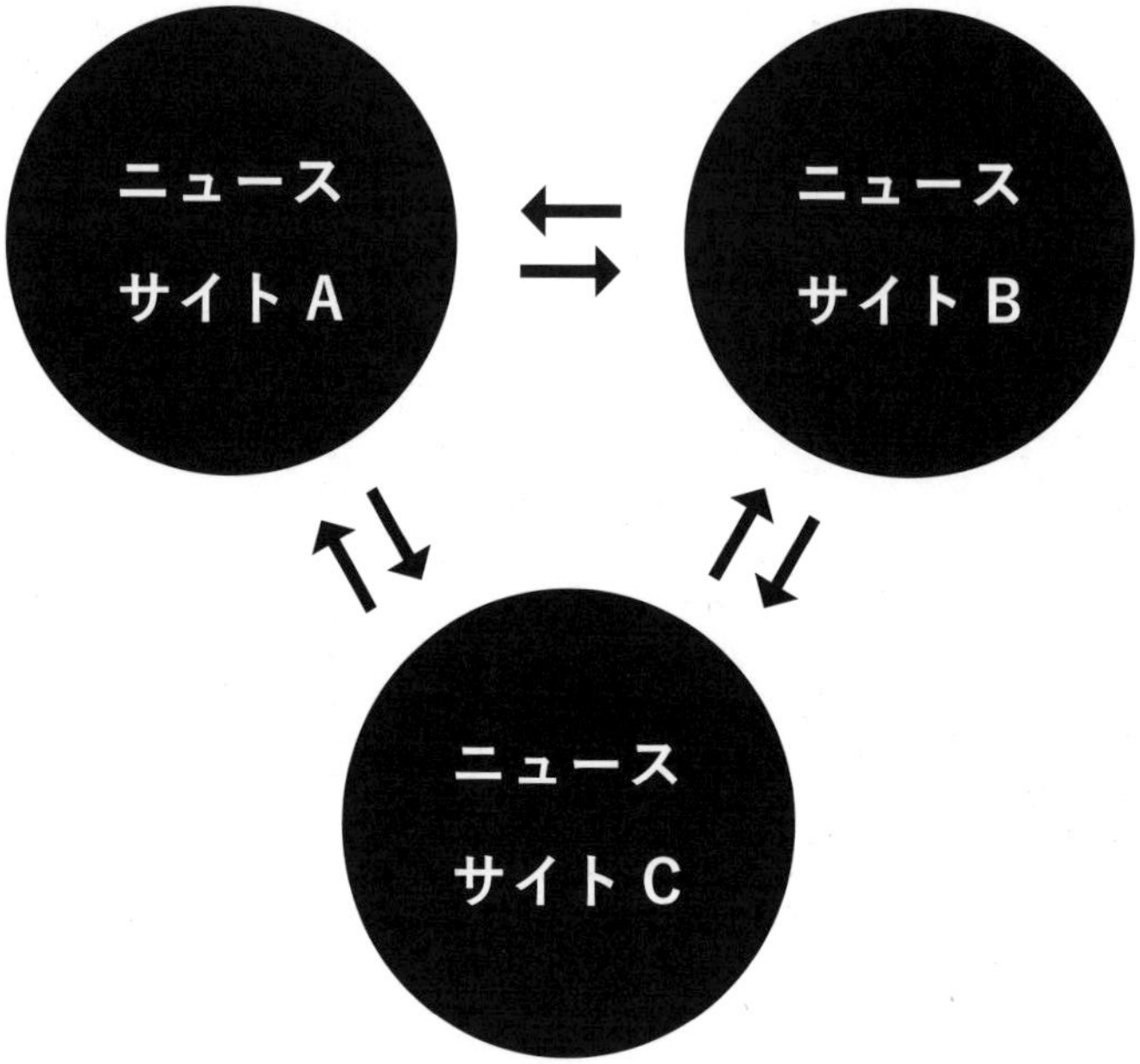

めるだろうから、お互い特ダネは隠して読者を奪い合ったりするんですが。ネットはリンクがあるから別に、そういうことはないんです。基本的に無料だし、奪い合うものじゃないし。

中川　「ヤフー・ニュース」にとり上げられてPVをとることを目指しつつも、サイトとしてのオリジナリティを生むために、敢えてヤフーとの違いを出すようにもしてますよね。

田端　まったく同じものを載せていたり、見出しにも工夫がなかったりすると、ユーザーはこっちに来てくれる意味がなくなっちゃうから。ヤフーに対して、勝たなくてもいいけれど、「違ってるということ」自体が大事だと思っているんです。「ライブドアニュース」で言うと、見出しも敢えてちょっとエグくしていたり、放送コードを意図的に緩めていたり。「ヤフー・ニュースとライブドアニュースは何が違いますか?」って言われたときに「うーん、よくわからないですね」では、スタートラインにすら立っていない。「下品だ」でもいいから、想起されないことには。もちろん、それでいいのかっていう議論はありますが、想起すらされないとその時点でゲームオーバーだから。「ニュースサイト群の中で、このニュースサイトはこんなポジショニングだよね」と認知されていくということは、すごく大事だと思いますね。だから、「ライブドアニュース」にもトップのトピックスが9本ありますが、それが「ヤフー・トピックス」と重なりすぎてたら、こちらでは降ろしたりもするくらい。よく社内で「ウチは所詮愛人だ」って言ってるんですが（笑）。ヤフーが本妻なら、という例えなんですけど。愛人なら愛人ならではの覚悟があるので、本妻にないものを提供しないと、別宅に来る意味がないじゃないですか、ユーザーが。

中川　ヤフーは、もはやテレビと同様、インフラと言っていい存在ですよね。一般的なニュースが多いのが特徴。あとはテレビと関連した芸能ネタとか、経済ネタでも生活に身近なニュースが多いですね。

田端　ヤフーはテレビで言うとＮＨＫのような存在かな。でもＮＨＫのニュースだけ見てても、世の中の本当のことはわからなかったりしますよね。そこには書かれてない下世話な欲望とか、「実際のところ、ぶっちゃけどうなの？」っていう気持ちがあり、それに対して「ライブドアニュース」は応えていく方向です。あと、長時間ネットで過ごしているヘビーユーザーの読者が多いので、美しく言えば「情報発信者が読んでいる」という前提でいます。例えば「ヤフー・ニュース」だったら絶対載せないような情報でも、その情報の真偽はユーザーさんが判断してくださいということで載せちゃうとか、そういうことは多いですね。過去には、テレビ局のやらせ疑惑なんていう記事は「ライブドアニュース」ではすごく盛り上がりましたが、ヤフーではそういったニュースはそもそもそんなにトップに来たりしないですし。やっぱりヤフーはエスタブリッシュメントなので、テレビ局叩きみたいなことには加わらなくて、消極的中立を保つんです。で、「ライブドアニュース」だとむしろそこは、悪意はありませんが、意図的にやっている部分もあります。

ＰＶはポータルの生命線

中川　ビジネスであるからには収入を取ってこなくちゃ、僕らのようなネットニュースも、フリーペーパーも本も雑誌も成り立たないですよね。ネットニュースは、ＰＶ獲得ビジネスです。ＰＶをとることで、広告がとれる。それがネットニュースの収入源です。

田端　まず、PVって何か、皆さんわかりますか？　ブラウザで一回ページを開いたら、それが1PVです。ページのなかには、ネットニュースの収入源である広告があります。ネット広告の課金の仕方には、クリック課金とインプレッション課金という2つの種類があります。クリック課金は、クリックされなければクライアントからお金はもらえない。クリックされた数に比例してお金が発生します。1クリック30円から50円くらい。クリック率って、そのページを見た人の1％にもなかなか満たないくらいの数字です。一方、インプレッション課金は表示されればいい。つまりそのページを開いた人がいればいいという仕組みで、たとえば5百万回表示されて50万円とか、そんな設定です。それを積み上げて月々の売り上げにしていくわけです。クリック率をほぼ一定と考えると、たくさんクリックしてもらうにはやはりPVを増やすしかない。インプレッションはPVとニアイコールです。つまりPVが増えれば増えるほど、月々の売り上げは増えていくということ。記事を書くコストは固定費なので、一つの記事でPVを稼げば稼ぐほど儲かる。

中川　で、ネットニュースでPVを上げる、つまりクリックされるために重要なのは、記事の見出し。タイトル勝負なんですよね、ネットニュースは。

ポータルサイトが得る利益

インプレッション課金

広告のあるページを誰かが一回でも見たら、広告主がサイト運営者に広告料を支払う。ターゲットを絞れないので、単価はクリック課金に比べて安い。

ex)

いわゆるバナー広告

クリック課金

このページを見ただけでは広告料は発生しない。ユーザーが広告誘導部分をクリックした回数で広告主がサイト運営者に広告料を支払う。

ex)

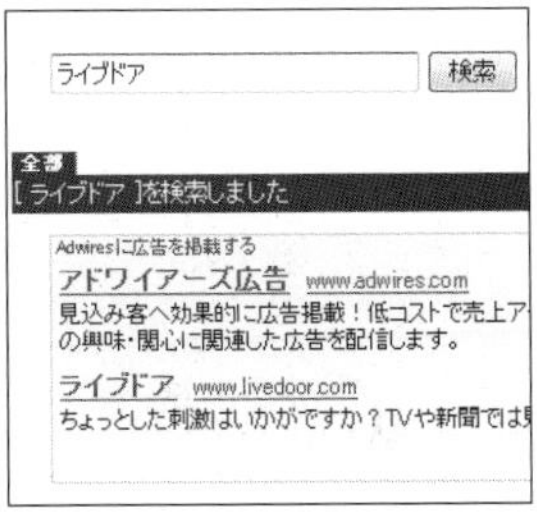

検索ワードに連動して出現

PVが増えると収益が増える

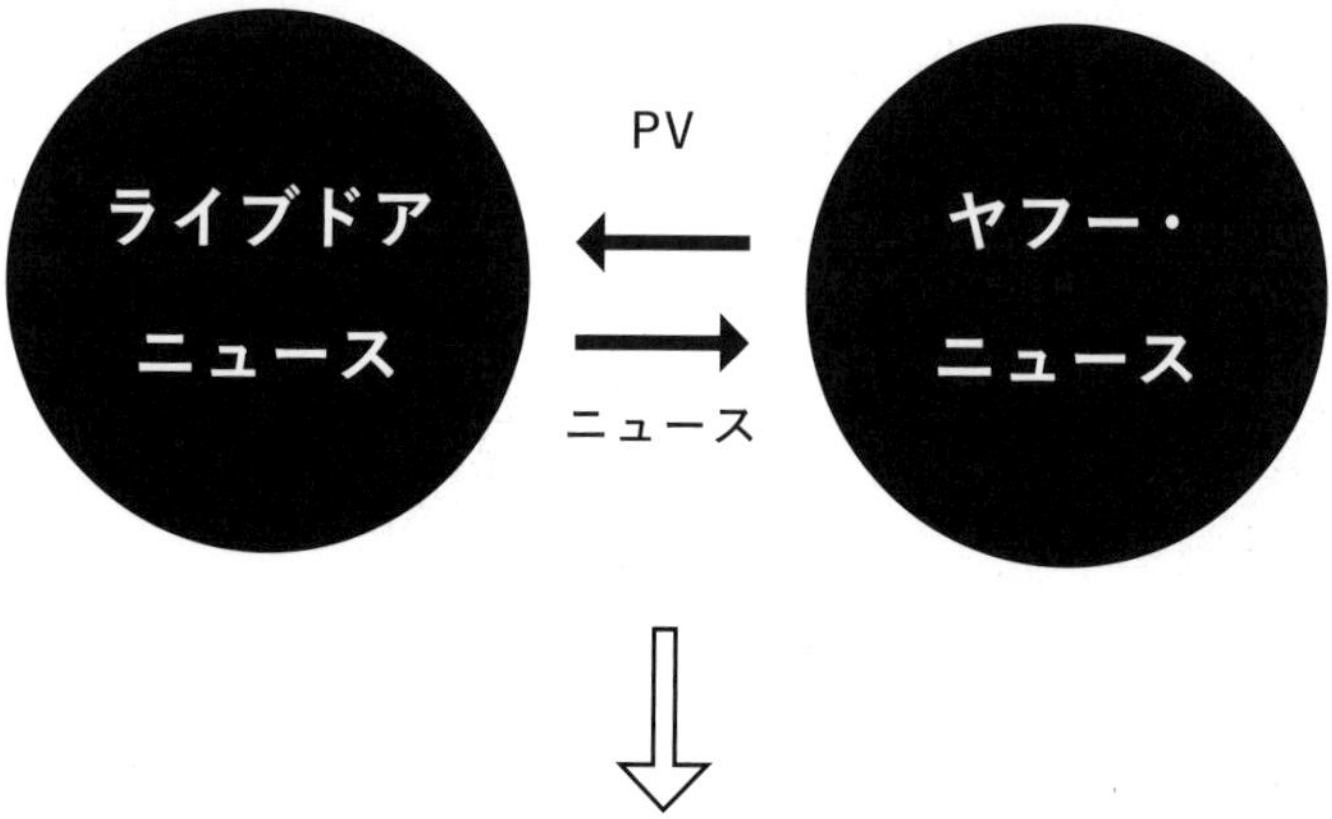

「ヤフー・ニュース」にピックアップされることで、配信元のサイトはPVが増え、インプレッション課金の広告料収益をのばすことができる。来訪者が増えることで、結果、クリック課金の数も増やすことができる

田端　そう。クリックするのって、紙のページをめくるのに比べて、より明確な意識を必要とすると思うんですよ。紙の雑誌ってパッと開いたら、見出しが目に入ると同時に、無意識のうちに写真やレイアウトの感じも目に入って、直感的に得られる情報がある。でもネットニュースの場合は、最初は見出ししか見えなくて、そこで引きつけなければいけない。そこで「えっ?」という引っかかりを持たせなければクリックされないんです。新聞だとみんな宅配でとってるから、新聞社は「みんなもうお金払ってるんだから、最後まで読むよね」という前提で安心して紙面をつくれてるんだなって思う。それに比べてネットニュースは、紙の媒体でいうと駅売りの夕刊紙やスポーツ紙に近いですね。見出しの付け方が興味のなかった人の注目を引くように最適化されてるんです。忙しく歩いている人の目に入って足を止めさせてお金を払ってもらうために。意外性を狙ったり、エグい感じになってきたりするんですが、ネットニュースの見出しも、それと同じことが言える。

見出し次第でＰＶが上がる

中川　僕が編集しているサイトでは、最初ライターが記事と一緒に見出しも書いてきますが、95%は僕が直してます。クリックされる見出しのポイントがあるから。

田端　「ライブドアニュース」では、記事を書くライターとは別に「トピックス編集」という役割の人間がいて、ライターから上がってきた記事からトップページに載せる記事を選び、見出しを付けてますね。記事を書いた人間は記事の中身に思い入れがあるんですが、それが他人から見て面白くなければ仕方がないわけで、別の人間が客観的に選別したり見出しを付けるんです。記事の内容の一部だけを切り取って引用して見出しにすることもある。記事を書いた人間としては「そこは言いたいことの中心じゃないんだけど」なんて文句を言うこともありますが、でも気を引く見出しにする。

中川　見出しのテクニックとしては、たとえば「元ジャニーズ」って書くと、「あの人かな？　この人かな？」と読者が勝手に想像してくれて、クリックされたりしますね。クリックして読んでみたらマイナーな人でも、嘘じゃないからね。これが「元ジャニーズJr.」だととたんに狭くなって、「釣れ」なくなっちゃう。〔3〕

田端　固有名詞をどこまで出すかは一つのポイントですよね。例えばスポーツ新

〔3〕　釣る／含みをもたせるなどして見た人を期待させ、気を引くこと。

聞から野球選手に関する記事が上がってきたとして、元の記事の見出しでは、もちろん固有名詞を使ってる。だけど、ネットではあんまりマイナーな選手の名前を出してもほとんどの人が知らないから、これは「巨人の主砲」って変えちゃったほうがいいね、とか、見出しを変えちゃうんです。この辺はネットニュースと紙のメディアとの違いと言えますね。紙のメディアって特定の読者層に向けて記事をつくっているから、その興味に合わせて、その人たちにわかる言語だけで書けばいい。女性誌なんかもそうですよね。紙のメディアでは固有名詞や専門用語を使って書いたほうが読者にとっていいサービスだったりしますが、ネットニュースは誰もが読むものだから、そこが違ってくるんです。不特定多数の読者に向けて、パイが大きいところで世の中を見る感じ。ターゲットをどこまで絞り込むかが違うんです。ネットの場合は雑誌と違って読者をあまり絞り込まず、全体をドバッととって、興味がある人に響けばいいっていう。

中川的　PVを増やす計算式

中川　僕はこの3年間ほどネットニュースの編集者をしていて、ネットニュースでPVがとれる要素ってこの9個じゃないかと思ってるんです。

①突っ込みどころがある
②B級感がある
③意見が鋭い
④テレビが紹介したもの、ヤフトピ（ヤフー・トピックス）が選んだもの
⑤モラルを問うもの
⑥芸能人関係
⑦エロ
⑧美人
⑨時事性があるもの

これどうでしょうか、田端さん。

田端　ほとんど網羅されてますねえ。あと付け加えるとしたら

⑩他人の不幸

かな、身も蓋もないことを言いますが。ネットニュースってPVとかクリック数

とか、明らかに結果が数字で見えてしまう。「あ、こいつより俺はましだ」と確認して安心したいという、人間の欲望が見えてしまうんですよね。ともかく、「ライブドアニュース」でもほとんどこれと同じことを考えて編集しています。気をつけないとそんな記事ばっかりになっちゃうので、どこで歯止めを利かせるかが悩ましい。むしろ全部それでやっちゃうというのもアリかもしれないですが。

中川　編集方針とか編集手法というものは媒体によって異なるけれど、重要なのは「顧客が求めるものは何か」を把握することですからね。編集するメディアがなんであれ。それをきちんと把握しないといい編集はできないし、売れるものはつくれない、ネットニュースならPVがとれない。シンプルな話です。

田端　ネットニュースでウケるネタって、天下国家のことはほとんどないですよね。トップに来るコンテンツのなかで、朝日や読売の一面に来そうなネタはあんまりないんですよ。新聞の一面の感覚が正しいかどうかは別として、ネットに求められているものとは真逆という気がする。これもむしろ夕刊紙のほうが近いですよね。あとはワイドショーとか。

中川　僕のこれまで関わった記事のなかですごいPVを獲得したものとして「のび太、実は名言が多かった　時に哲学的で時に恐い」というのがあります。これはテストでいつも0点をとっているイメージののび太が、実は「社会なんて、知れば知るほど、デタラメなのかも」といった哲学的なセリフや、「本当に悪者になってやる。世界一の悪者になってやる」といった恐いセリフをしゃべっていることを紹介したものです。他にも、「皆既日食でのび太の名ゼリフを思い出す人続出」という記事では、のび太が「朝食は朝ごはん。昼食は昼ごはん。夕食は夜ごはん。じゃあ日食っていうのは1日中食べてるの？」とパパに聞くシーンがあることを伝えました。このニュースはちょうど皆既日食のタイミングでものすごいPVが集まったんです。ネットでは、本当にちょっとしたことを面白いと思ったらみんながネタにしてアクセスが集中するという構図があるんですよ。で、ネットでの記事掲載における、読者にウケる計算式というのを導き出してみました。

「主体の人気度」×「ネタのギャップ感」×「時事性」

この3つを掛け合わせて記事を出すと、ネットでウケると思うんです。

中川式　ＰＶがとれるニュースの方程式

主体の人気度	×	ギャップ感	×	時事性

ex)「皆既日食でのび太の名ゼリフを思い出す人続出」

のび太の「朝食は朝ごはん。昼食は昼ごはん。夕食は夜ごはん。じゃあ日食っていうのは１日中食べてるの？」という名ゼリフを伝えるニュースが皆既日食の翌日に多くのＰＶを獲得

のび太	×	名ゼリフ	×	皆既日食

《「のび太」×「名ゼリフを言っているというギャップ」×「皆既日食」》

これはもう、日食とのび太が掛け合わされた奇跡のスーパーコラボですよ。で、他の具体例もネットでの注目度を「主体の人気度」「ネタのギャップ感」「時事性」に分解して、それぞれ計算してみました。マクドナルドが集客数を増やすために100円メニューを拡大するというニュースと、ロッテリアがハンバーガーを食べて不味かったら返金を受け付けるという企画をやったときのニュースです。

「マクドナルド、『¥100マック』メニュー強化」
《「マクドナルド」85ポイント×「100円マック」60ポイント×「各社バーガー新商品投入」ボーナスポイント1・2倍》

「ロッテリア『不味かったら全額返金』に驚く声」
《「ロッテリア」60ポイント×「不味かったら返金」95ポイント×「各社バーガー新商品投入」ボーナスポイント1・2倍》

ネットの中では「マクドナルド」「ユニクロ」「しまむら」といったものは主体

として高ポイント、人気がありますね。身近で安いってことで。時事性としては、ファーストフード各社が競っていろんなバーガーを企画して出していたということがある。マクドナルドの人気に比べてロッテリアはひけをとりますが、「不味かったら返金」で一気にマクドナルドのネタを超えるんですね。「主体の人気度」で言うと、たとえばテレビ番組の「あいのり」ネタは必ず高いPVをとるから、毎週必ず「あいのり」の記事は入れてる（笑）。

「ライブドアニュース」式　PVをとるテクニック

田端　「ライブドアニュース」の見出しは15文字。「ヤフー・ニュース」の見出しは13・5文字ですね。見出しはパッと見たときに13・5から15文字くらいが頭に残るとか。そんな見出しのテクニックをネットニュースでは競い合ってきた。

中川　これはもう、クリックしていただきたいという切なる願いから研究されてきたテクニックですよね。

田端　そうそう。「ライブドアニュース」で生み出してきた見出しのティップスもちょっと挙げてみます。

①漢字・ひらがな・カタカナを交ぜる

日本語って、漢字・ひらがな・カタカナ・英文字も使えますよね。見出しには、それをまんべんなく使ったほうがいい。たとえば「ワイロをもらった」と書くときは、「わいろを」とひらがなで書くと「わいろ」と「を」がひらがなで重なっちゃいますよね。この場合は「ワイロ」だけカタカナにしたほうが、絶対PVが増えるんですよ。「わいせつ」もそう。新聞から来た記事だともともとはひらがなだったりするんですが、「ワイセツ」とカタカナに直したりしてる。あと、漢字は4文字以上続くとつらいですね、読みにくいんです。こうやって文字をまんべんなく使うことで、パッと見たときに一瞬で目にとまる。これは、雑誌のタイトルに近いテクニックかもしれない。

②おいしいセリフを〝〟で引用

目立たせたい単語をクォーテーションで挟んで、地の文に馴染んでしまわないように強調することもあります。または記事のなかのおいしい発言だけを「これいただき」と、クォーテーションで引用したりします。たとえば「阿久根市長が乱入し〝ばーか〟」「国家公安委員長〝かつてない発言〟」など。

③怒りが感じられる見出しに

喜怒哀楽でいうと「怒り」の記事はよくクリックされますね。タレントが泣くとか喜ぶとか、そういった記事のなかで、「怒る」が一番読者の反応がいい。「星野監督激怒」とか、鉄板だよね（笑）。その後に「鉄拳制裁」とか来ると、完璧ですね。「〝入っちゃダメ〟にキム兄マジ切れ」「〝しょせん金？〟ファンをナメてる」とか、セックス＆バイオレンスって、人間は常にクリックしてしまう。アクセスランキングを見ると恐ろしいですね。ネットニュースって、人間の本性が出てしまうんだなあと思って。

④主語は頭に

主語が人名の場合は特にそうなんですが、文頭に持ってきたほうがパッと見たときにわかりやすくていいですね。「星野」「激怒」の順番で。

⑤クエスチョンマークは3つまで

見出しの最後にクエスチョンを付けると、真偽の定かでない記事でも面白いから載せたいときなんかに、「いや、もともとクエスチョン付けてるし」と逃げが打てますよね。「各局引っ張りだこでTV救世主に?」「女優が芸人を〝オイ豚!〟呼ばわり?」などで、このクエスチョンを取ってしまうとさすがに「お前ら何嘘言ってんねん」ということになっちゃうけど、クエスチョンを付ければアリ。あと、断言を避けることができるから、炎上対策にもなるし。でもクエスチョンって便利なのはいいですが、気をつけないと見出し全体がクエスチョンだらけになっちゃう。そうなると「なんかこれ、本当のこと何も言ってないな」っていうサイトになっちゃいますよね。便利でどうしても増えるので、「ライブドアニュース」ではむしろ数量制限を入れました。トピックス9本のうち、クエスチョンは3つまで、と。

トライ&エラーで更新し続ける

田端　こんなふうに、PVをとるために見出しのテクニックをいろいろ考えてるんです。でもさすがに、クリックした後にがっかりさせちゃいけないとは思いますね。釣りすぎの見出しを付けて、クリックしてみたら「なーんだ」というようなことをして「またやってる」なんて思われるようになっちゃ、さすがにいかん、と。そこをがっかりさせないっていうことだけは担保した上で、いかに釣るかというせめぎ合いです。それから、ネットニュースって、「試してみっか！」というスタンスが可能な編集。見出しも「試してみっか！」で付けてみることもできる。人間が何かに習熟するには、トライ&エラーの経験が多ければ多いほどいいと思うんですが、ネットの見出しを付けるのは、どれだけトライ&エラーしてもいい。無限にできるから。見出しを変えてみて10分も見ていれば、その見出しがイケてるかどうかわかる。PVがリアルタイムで数字で見えますから。これが紙の週刊誌だと、中吊りの見出しを書いて、翌週くらいになって実売部数が上がってきて、自分の書いた中吊りの見出しがイケてるかどうかがやっとわかる。ネットはそのサイクルが回るのがずっと早いですよね。修正がいつでも可能なのが、紙の媒体との違いです。

中川　そうですね。ネットニュースの編集って、紙の媒体と違って印刷機が回るわけじゃないから、常に動いてる。

田端　そう。常に「あるべき状態」っていうのはある。地震とか、大ニュースとか、起きたらもう一刻も早く、一秒でも早く載せないといけないし。だから、締

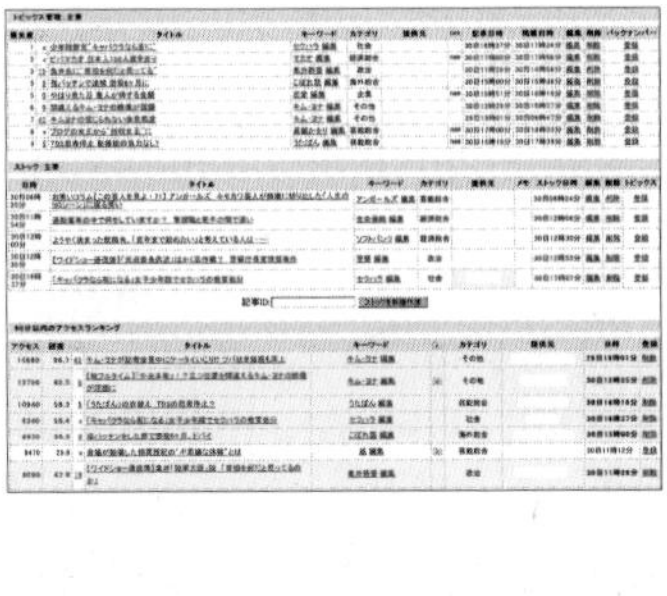

「ライブドアニュース」の管理画面。60分以内のアクセス数・ランキングのほか、見出しの表示順、リンクを張るキーワード、ライブドアトップページからニュースページに入ってきたユーザーの数（回遊数）などの項目が並ぶ。

め切りがない。日常を仕事と思うことですね〔4〕。

中川　終わりがないんですよね。

引用されることの怖さ

田端　さっき話したように、ネットニュースのコンテンツは減るものじゃないから、交換し合って引用し合って、リンクの誘導をする。これ自体は悪いことじゃありません。だけどそこには一つ、悪意の増幅装置のなかに組み込まれてしまう危険性というものがある。メディアってどうしてもネットに限らず、マッチポンプ的なところはあるんですが、ネットの場合は特に、読者の参加意識のようなものが悪ノリした方向に行ってしまうという危険な面がある。以前に、カップルのセックス写真が流出してしまった事件がありました。ネットのいろんなメディアがそのことを書いて、いろんなところでコピーされまくって、「ライブドアニュース」も載せました。写真に写った彼らは法律に違反したわけではない。ただの不注意で、どちらかといえば不幸な事件なんですよね。でも、ネットがあったせいで、昔だったらあり得なかったくらいに被害が拡大しちゃったんです。で、個人をど

〔4〕終わりがないと思うと気が休まらないとも言えますが、紙の雑誌みたいに、校了前に「一文字違ってたらどうしよう」みたいなプレッシャーはない。それからいつでもどこからでも更新できます。家にいても、海外にいても。ケータイからだって見られるし。PVだって今この瞬間も見ようと思えば見られるし、延々とやってるという感じがしますね。「ライブドアニュース」の制作体制としては、基本的には交代制で必ず一人張り付いてるんですけど、今は、真夜中だけは張り付きはやめました。夜中はほとんど情報が来ないから。夜中だけは何かあれば気付いた人が家から更新するっていうペースで、土日も正月もずっと続けてやってます。（田端）

んどん特定して、勤務先に電話するやつが出てきて仕事を辞めざるを得なくなっちゃったり、聞いたところによると彼女のほうは自殺説まで出たんですよ。でもそれもあり得るなっていうくらい、ひどいことになっちゃって。で、はたと気付いた。まさしく俺もその片棒を担いでいるんじゃないかと言われたら、責任の一端はないでもないな、と。ネットのなかでは、そういうヒステリーが過ぎる反応というのがしばしば起こりえます。でも抑制策や被害の防止策って、読者に「過剰に反応しないでください」っていう前提で書くしかないのかな……。ニュースサイトに載らなくても、ネット上に出てしまえば、ある種の人間は騒いだり電話したりするとは思います。でも今あのときのような事件が起こったら、「ライブドアニュース」に載せるかっていったら、もうかなりためらいがありますね。新聞やテレビ局を叩くのは、エスタブリッシュメントの大企業だからいいと思うんですよ。でも「ついうっかり」みたいなレベルの個人を叩いて晒しあげて「しめしめ」というような、悪意の増幅装置のなかに自分たちも組み込まれてしまうのは、やっぱりどうかなと思うんですね。

中川　僕たちは、ネットニュースの編集は仕事だから、やらなくちゃならないからやる。ＰＶのために、誰かを傷付けるかもしれないニュースを配信することもある。が、やはり田端さんが言うような基準はちゃんとつくらないといけない。人を不幸せにしちゃいけないと思うんですよ、発言者であるからには。

ＰＶとブランディングのジレンマ

中川　今の話にも通じるところなんですが、編集することとお金を稼ぐことの間にジレンマを感じます。僕らがビジネスとしては理解していても、悩んでいるところです。ニュースサイトの意義ってなんなんだろう、と。僕が一つ疑問に思っているのが「ソース引用合戦」というやつ。結局どこのニュースサイトも、ＰＶを稼ぐためにいろんなサイトに記事をぐるぐる回している。同じ記事がＰＶ獲得のために様々なかたちで出続ける、その是非に関しては、「いろんなところに出ればＰＶが増える」という、僕ら側の理論で正当化されている。読者側ではなくて。「新聞や雑誌が一次取材をして記事をつくっているのに、情報の二次加工だけでＰＶをとるのはいかがなものか」と問われたときに、ネット編集者はなんと答えるべきかというのをちょっと悩んでいるんです。今の僕の結論としては、「仕事だからやる」。それから僕は『ウェブはバカと暇人のもの』（光文社新書）という本でこのことを書いたんですが、僕らがソース引用合戦をすることでニュースが様々なニュースサイトで読まれることになると同時に、「2ちゃんねる」やソーシャルブックマークなどでもくだらない事件に対して延々と書き込みがループで続くことがある。それに対して「自分たちがつくったものは、結局何をもたらしたんだろう」って悩むわけです。クリックされて話題になる記事を出し続けたら、一面ではそういうものしか生まなかったということに対して。僕の本を読んでくれたある人の感想で、「内容自体には基本的には異論はないが、バカと暇人を集めないと繁盛しないビジネスモデルをつくっておいて、『ネットのヘビーユーザーはバカと暇人が多い』と文句をたれるのはどうか」というものがありました。正論なんですね。編集に限らずですけど、仕事をするにあたっての存在意義ってなんなんだろう、と思って。

田端　ビジネスである以上、制約条件として少なくとも赤字では続けられない。そして、「どんなに立派な内容の記事から生み出された1クリックであっても、1クリックは1クリック。そこに差はない」という広告主側の事情も。「そういうビジネスモデルをつくっておいて」というよりも、それはすでにそこにあるもの。「そのなかで仕事をするとなると、必然的にこういうかたちになるよね」という立ち位置が僕にはあるんです。1クリックとかインプレッションって、要は、ひと山いくらでのメディア価値のコモデティ化なんです。皆さん、ガソリンを「わー、これはイラク産のプレミアムブランドだから、1リットル300円払います！」なんて買わないですよね。ガソリン1リットルは1リットル。それとまったく同じ意味で、1クリックは1クリックとしか、広告主からは思われない。どんなに高尚な記事から生み出された1クリックであろうが、どんなに下品で下世話な記事から生み出された1クリックであろうが、同じなんです。で、そこでやっぱり「易きに流れる」重力というのが書き手にとっては働いて。どうしても、下品で下世話だったり大衆的であるほうが、PVをとりやすいから。ここはすごい課題ですよね。紙の雑誌なんかだと読者ターゲットが明確に絞られているので広告の値段はまた違う軸で決められていて、発行部数3万部しかなくても広告1ページ100万円なんていう雑誌があります。ネットではちょっとあり得ないことです。それは、雑誌の感覚が間違ってるのかネットの感覚が間違ってるのか、ちょっとわからないですけれども。雑誌的に、ある固定の層をネット上で狙っていくということにトライしている人もいっぱいいますが、今のところあまり成功していないです。こういう状況で、安易にPV至上主義に走ってしまう誘惑っていうのは、どうしてもありますね。そもそも、ニュースというものを、ユーザーに毎日来てもらうためのツールにしているわけですし。「ライブドアニュース」というのはライブドアのサイトに毎日来てもらうためにつくっているページなわけですから。毎日来てもらえさえすれば、その後のビジネスに広がりがあるからね。毎日来てもらうには、毎日変わっていないといけない。だから、毎日変わり続ける「ニュース」というものを、ポータルサイトの集客に使ってるってことです。

中川　PVを稼ぐという、会社員の背負っているミッションを果たしつつも、それを追求すると記事の質が落ちてくるとか、低俗になっちゃうとか、そういうところに悩みつつ、PV以外に世の中に対して生み出している価値ってなんなのかということを、僕らは日々考えてるわけです。

ネットニュースの価値は？「読者が記事を動かす」

中川　ネットの記事って、ネット上に出た時点ではまだ未完成で、そこからユーザーがあれこれいじって完成していくという面がある。いわば、ウェブ2・0的編集作法。僕たちは記事を編集して発信する側ですが、こちらから読者への一方通行じゃなくて、読者参加型というか双方向的なんです。

田端　そうですね。ネットニュースの記事に対して読者が何をやるかっていうと、コメントを付けたり、ソーシャルブックマークに投稿したり、ツイッターに投稿したりっていうことですね。そういったところで読者が参加して、記事を動かしていく。たとえば、著名人が何か問題発言をして、それが読者によってソーシャルブックマーク上でワーッと騒ぎになって、その騒ぎ自体がまたニュースになる、みたいな。まあ自家撞着的なんですけど、そういう構造があります。だからネットニュースの価値の一つっていうのは、「これが非の打ち所のない完成形のアウトプットです」って言って出すんじゃなくて、読者が自分のものとして「そうだ」とか「そうじゃない」とか言えて、更に他人に紹介される。そのオリジナルのソースである人に対しても、リンクの誘導っていうメリットが返ってくる。こういうところかなって思います。たとえれば、塗り絵くらいの感じかな。最後に絵を塗るのは読者。僕たちのほうはより面白い塗り絵、塗りたくなる塗り絵を提供する。もう完璧に色まで付けちゃって「偉いプロの画家が描いた絵だから、お手を触れないでください」なんて言って額縁に入れて出すというよりは、まだこれから塗られる塗り絵くらいの状態で出しちゃったほうがいいんじゃないかなと思って。

中川　うん、僕としてはネットニュースって、「人々の暇つぶしになればいいいな」

くらいの感覚なんですよね。紙の雑誌を編集するときは、目指すものはまた変わる。ネットニュースは、読者がいじったり雑談したりする場だと思ってて、話題を提供するという感じかな。ちょっと人に言いたくなっちゃう小ネタとか。

ネットニュースの価値は?「マスメディアのチェック機能」

田端　これは「ライブドアニュース」でかなり盛り上がった記事なんですが。ある芸能人が薬物事件で逮捕されて、そのとき新聞に顔写真が載りますよね。ある新聞で、まだ容疑者ではない時期に「失踪した」という記事で掲載された写真と、数日後「容疑者として指名手配された」という記事で掲載された写真があって、どちらも同じときに撮られた写真なんですが、明らかに、容疑者になってからの記事では悪そうな顔で写っている写真になってるんですよ。新聞の記者が、そういうふうに恣意的に選んでるんですね。失踪してから連日、一連のニュースとして記事が載っているんだけど、その過程で使う写真を変えているということ。こういうのに対して突っ込んだりするのって、ネットニュース的だなと思う。これは別に写真を合成加工してるわけでもなんでもなくて、ただ単に何十枚も撮ったなかからどれを選ぶかっていうことでしかないんですけど。新聞記事的なお約束で、やっぱり容疑者になったら悪そうな顔をしてなきゃいけないんですね。これって、いわゆるメディアリテラシーの問題。新聞とか大手テレビ局とかそういうエスタブリッシュメントなメディアって、お互いを叩いたりしないし、世の中的にも叩かれてこなかったと思う。叩くこと自体が正しいのかどうかはわからないですけど、少なくとも「エスタブリッシュメントなメディアが、いつも正しいわけじゃないよ」と、ネットニュースは言うことができます。そんなこと、当たり前といえば当たり前だけれど、なかなか表には出てこないことでしたからね。それを白日の下に晒すことは、いいことなんじゃないかなって思います。単に「大手のメディアも、俺たちと同じレベルに下りてこいよ」みたいな意味で言ってしまったら良くないんですけども。そういうことではなくて、「いつも正しいわけじゃない」っていうことを明るみに出すことはできた。そういう、今までなかったチェック機構というか、メディアリテラシーが上がるきっかけをつくることはできたかもしれない。

中川　議論を巻き起こすというのは、ネットが得意とするところですしね。

田端　そう。「このニュース、本当に正しいの?」っていう議論がネット上で起きるのは、いいことなんじゃないかな。ある意味でマスメディアのチェック機構的なところ、そこは矜持を失わずに編集を続けていきたい。

中川　うん。ネットニュースってまだ新しいメディアで、いろんな記事を載せてPVを増やすっていうことをともかくは一生懸命やってきた。さっき言ったようなクリックされる研究もして、ネットの読者の求めるものを把握して、と。ニュースというジャーナリズム的なものを広告収入の糧にしていることに付随するジレンマもあるし、まだ模索してることがたくさんあるんだけど。でも今の話に出たようなことは、世の中に提供できてる価値だと思う。「ライブドアニュース」ってこういうサイト、また別のサイトはこういうサイト、というカラーもあって、これからそれぞれの提供できる価値をもっと追求していく方向にいくんじゃないかな。

リクルート　事業開発室ゼネラルマネジャー

藤井大輔

商品情報を読みたい記事にする技術

1973年生まれ。1995年大阪大学卒業。同年リクルート入社。編集・メディア設計職に従事し、「ゼクシィ」「ダ・ヴィンチ」「住宅情報」「都心に住む」等に携わる。2003年「R25」立ち上げに参加し、ネーミング・編集コンテンツ・レイアウトデザインを立案する。2005年、編集長に就任。その後「R25式モバイル」「R25.jp」「L25」の編集長も兼任。現在「R25」「L25」事業を統括するクロスメディアプロモーションユニットのゼネラルマネジャー。

フリーペーパー ver.2.0

「R25」[1]がなぜタダなのか、皆さんはその理由がおわかりですか？　簡単に言ってしまえば「企業から広告を出稿してもらっているから」です。今「R25」は50万部配布していて、そのコストのすべてを広告収入でまかなっています。コンテンツ制作費はもちろん、紙・印刷代、首都圏に約2千あるラックの設置代、配送代など全部[2]。フリーペーパーというビジネスは、広告収入から必要コストを差し引いて黒字になれば続けて出せるし、赤字に耐えられなければ終わってしまうという、そういうビジネスです。

そのバランスを保つためにはもちろん、企業が広告費を出すだけの価値のある魅力的な媒体になっていなければいけないわけですが、「R25」のハケ率は、99・7％。一般の雑誌が書店で売れずに戻ってくる返本率が3〜4割、つまりハケ率60〜70％と言われているなかで、ほぼ100％なんです。有料・無料の違いはありますが、それくらい皆さんが欲しがる媒体になっている。しかも企業が世の中に伝えたい広告やサービスの情報を、僕らの「編集力」で「欲しい、読みたい」と思わせる編集コンテンツに変換しているわけです。

そもそも企業の広告情報というのは基本的に一方的で面白くない、コンテンツ

〔1〕「R25」は2004年7月1日創刊。第1・3木曜日に（創刊時は週刊）、東京23区を中心とした1都3県で配布している。（2010年9月時点）

〔2〕フリーペーパーは、ラックの置かれる位置によってハケ率がまったく違ってきます。「R25」も最初その場所取りに苦労したのですが、駅構内にある人間のアイデアで、駅構内にあるサインボードといわれる埋め込み式の看板を借りて、それを改良してラックにしました。もともと人目につく位置にあるわけですから、これによって多くの人に手に取ってもらえる機会が広がりました。（藤井）

になりにくいと考える人がほとんど。そんななか、広告情報をたくさん集めて比較検討できるようにし、ユーザーにとって価値あるメディアになるに違いないといってつくられたのが、「HOT PEPPER」や「住宅情報」（共にリクルート）でした。たとえば飲食店のクーポンならクーポンにこだわって、クーポンだけで一冊つくってしまう。誰でも思い付くアイデアでも、徹底的にやることで他誌との差別化を図ってブランドをつくったのが「HOT PEPPER」だったんです。

「住宅情報」は、無料で不動産物件の比較をできるようにしました。それは圧倒的な情報の網羅による価値であり、その仕組みを「フリーペーパー ver.1.0」とするならば、「R 25」は更に、集めてきた広告情報を読み物として面白いコンテンツにまで昇華させるという「フリーペーパー ver.2.0」への挑戦でもありました。

クーポンからナショナルクライアントへ

「HOT PEPPER」もそうなんですが、それまでのフリーペーパーの多くは、街の飲食店や不動産屋など、規模の小さな店舗がお客さんを集めるためにかける予算――集客コストを獲得することをビジネスにするのがスタンダードでした。お店は、新規顧客を開拓したい。そのコストがだいたい1店舗あたり月10万～

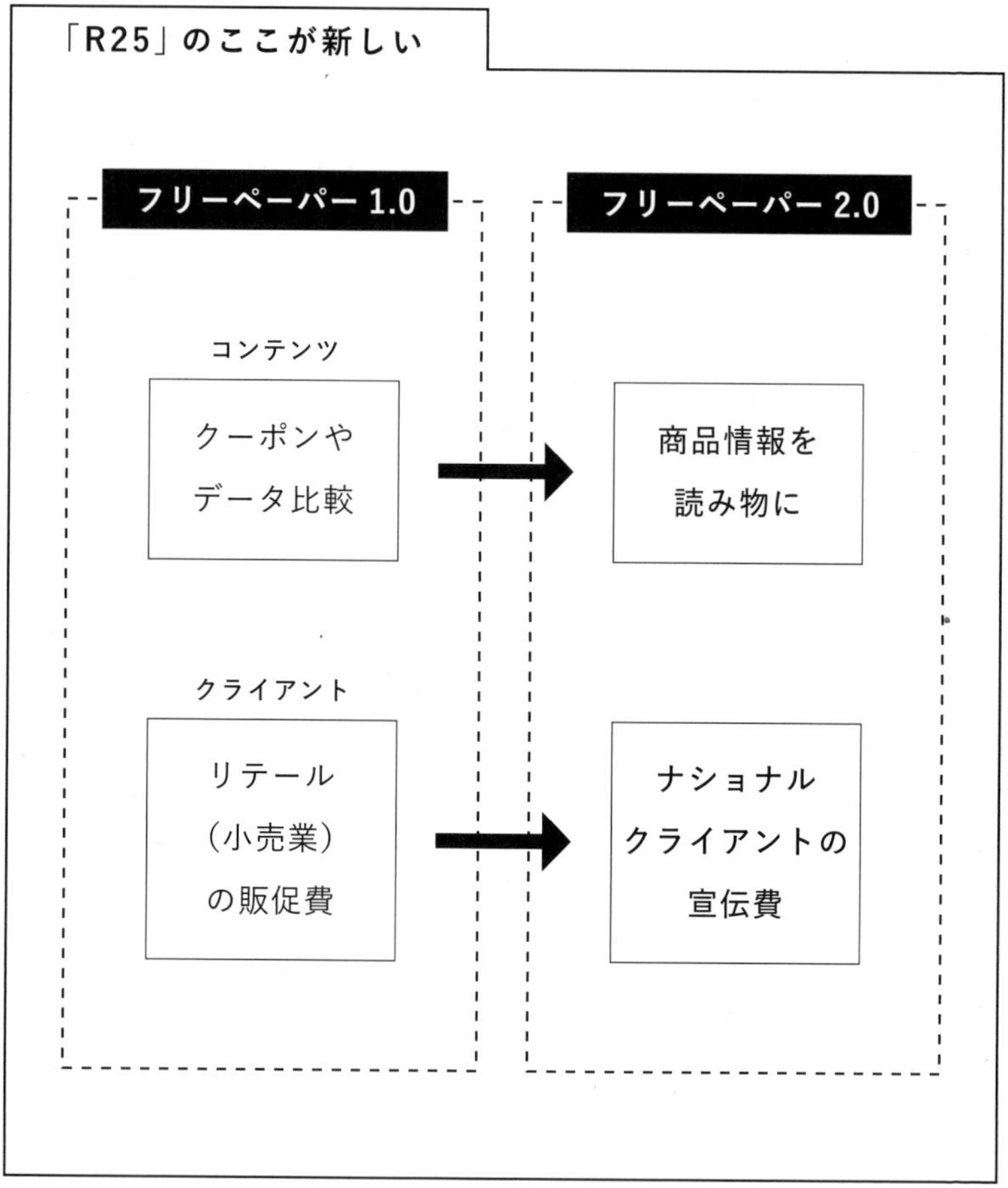
「R25」のここが新しい
フリーペーパー1.0
フリーペーパー2.0
コンテンツ
クーポンや
データ比較
商品情報を
読み物に
クライアント
リテール
（小売業）
の販促費
ナショナル
クライアントの
宣伝費

15万あるとして、そこをかき集める。すると、渋谷界隈だけでこんなに分厚い一冊になる。載っている一つひとつは店舗情報とクーポンで、ヘンな言い方ですが、そこにエンターテインメント性というか編集加工の必要はないんですね。たくさん集まることで最終的にコンテンツとして価値あるものになっているのであって、イコール読者が満足して動いてくれることになります。

「R25」は、そうした店舗の集客のための販促費ではなく、何千万円という規模の予算があるナショナルクライアントの広告費をターゲットに定め、ビジネスにしています。メーカーが新商品を出したときに告知や認知を促すためにCMをつくったりしますが、同じように「R25」に広告を出してもらう。創刊当時、フリーペーパーでそんなことをしている競合は他にほとんどなくて、つまり、ブルーオーシャンだったんです。

まずは「R25」ってこういう媒体なので、何かキャンペーンがあったら使ってくださいというお願いをいろんな広告主にします。そこで依頼された商品やサービスを世の中に広めていく課題に対して応えるわけですが、よくあるのが、タイアップ広告のページを制作するとき、広告主や、間に入っている広告会社の営業担当者が「とにかく商品が大きく入っていないといやだ!」となるケース。ページをめくってもらうと商品がきちんと出ているんですが、「もっと大きく!」な

雑誌メディアにおける企業広告の形態

純広告	タイアップ（=記事広告）
○企業の宣伝部、あるいは企業が依頼した広告会社が広告原稿を制作する	○出版社の編集部、あるいは広告部の依頼した編集者が取材して制作する
○原稿データを出版社に納品して掲載する	○記事のトーン&マナーは、その雑誌の持つ世界観で表現される
○企業は商品やサービスに関して、発信したいメッセージを自由にコントロールしやすい	○企業は雑誌の文脈のなかで商品やサービスに関するメッセージを発信することになる
○商品とサービスの**認知獲得**や**ブランディング**に効くと考えられている	○商品とサービスの**理解促進**、**利用促進**に効くと考えられている

んてせめぎ合う。広告主側も本来は読み物として面白いコンテンツになっている。ほうがコミュニケーションバリューがあることを理解しているはずなんですが、間に何人も入ることによって伝言ゲームみたいになり、いつの間にか「商品が1／2ページ以上出ていないと広告効果がない」みたいな話になってしまうことってよくあります。

「R25」の場合、極端な話、タイアップページに商品のビジュアルがほとんど出ていないこともあります。それでもきちんと商品のブランドが伝わるつくりにしているつもりです。

実は正直、このつくり方の価値付けは難しいところで、アンケートなどで「伝わったか」「ブランドのイメージアップになったか」と読者に聞いてイエスとなれば、その意味で広告主にとって価値のある広告だったと言えます。でも、それよりもやっぱり商品を値下げしたり店頭用の販促物をつくったほうがモノが売れるのであれば、そちらに予算は取られていきます。だから僕らのやり方が絶対かと言えばそうとは言い切れないところもありますが、先ほども言ったように、「R25」は広告情報を読者のエンターテインメントにすることにチャレンジしていて、それこそが広告主の価値につながると思っています。

もう一つ、逆説的ではありますが、そうしてつくり上げた良質なコンテンツを読者にタダで提供できていることに、僕は価値を感じてもいます。一般の雑誌は、当たり前ですが有料ですよね。インターネットも通信費が必要で、しかも基本的に自分の興味のある分野からしか検索しないから、知識が広がりにくい。新聞にはいろんなことが載っているけど、やはり購読料がいる。となると、いま世の中で起こっているニュースをタダで知ることができる「R25」は、社会の情報インフラの一つとして意義のあるものになっていると思うんです。そしてそれによって仕事やプライベートが充実したりして、読者が元気になる。しかもそれが、企業から広告費というかたちで予算をいただいて、当然その商品の宣伝や企業のメッセージを伝えながらも、もっと大きな視点で世の中のためになる還元ができているわけで、これは非常にやりがいを感じるところでもあります。

世の中の関心を知るために

ここでちょっと、「R25」が誕生した経緯をお話ししたいと思います。

リクルートでは、年に一回、社内で新規事業コンテストが行われているのですが、選ばれると、事業化に向けて検討に入ることができます。このコンテストの2002年度準グランプリを獲った提案に、「ペーパーポータル構想」というプ

「R25」の編集技術

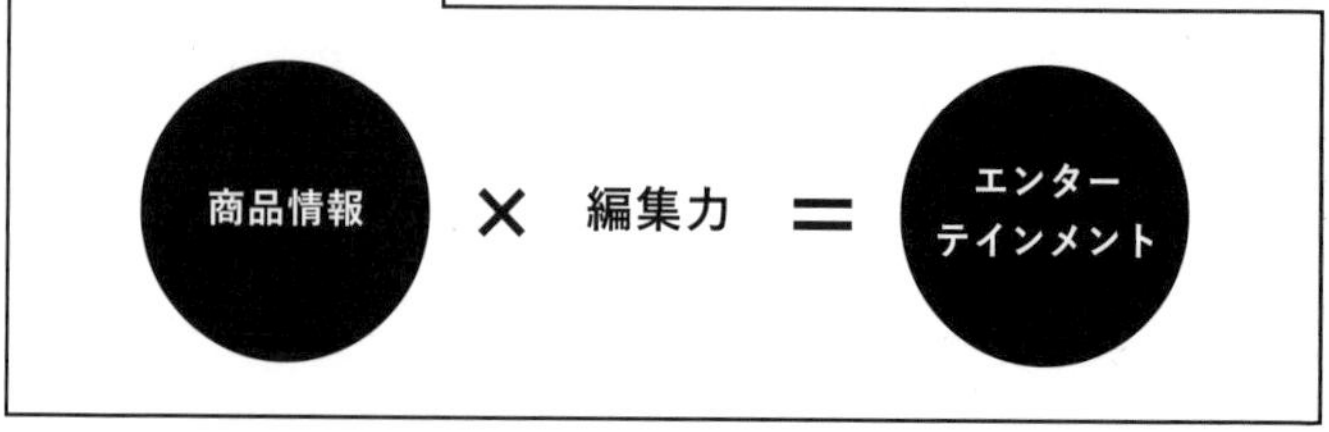

ロジェクトがありました。

本も雑誌も売れないと言われている時代に、それでも紙メディアはもっと影響力を持つことができるんじゃないか、特に活字離れが進む若い世代、M1層[3]に敢えて紙で伝え、たとえばインターネットのポータルサイトのようなインフラビジネスをつくることができるのではないだろうか――という提案です。

インターネットには、ヤフーのようなポータルサイトがありますね。インターネットの世界への入り口となるものですが、紙メディアのポータル的な存在がつくれないだろうかと考えたわけです。もともと僕はこの提案には関わっていなかったのですが、準備室が発足したときのメンバーに呼ばれました[4]。

そのときは、絶対にうまくいくはずがないと思いました。だって活字を読まない人に読ませるのって、納豆嫌いに納豆を食べさせようというようなもの。かなり難易度が高く、それができれば誰も苦労しません。でも発案した人間は、「誰もやっていないところに飛び込むから勝てるんです。できるかできないかは、やってみないとわからない」と。「じゃあどんなやり方で読ませるつもりなんだ?」と聞くと、「それを考えるのが藤井さんの仕事です」と言われまして。グーで殴ろうかと思いつつ(笑)、こんな無謀な経験もそうそうないかもと思い直して、そのチャンスに挑むことになったんです。

〔3〕 M1層/紙媒体の読者やテレビの視聴者などを調査するための、標準ターゲットと呼ばれる区分のうち、20~34歳男性を指す。M2は35~49歳、M3は50歳以上。F1~3はその女性の層のこと。

〔4〕 それまでは「都心に住む」という雑誌をつくっていました。都心部の高額マンションを中心に紹介する住宅情報誌で、僕が携わる以前は、「情報を並べたメディア」でしたが、都心に住むライフスタイルについての編集記事コンテンツをメインにした内容にリニューアルしたんです。「R25」の提案メンバーは、それを見て「この人だったら、活字を読まないM1層にも届く紙メディアを編集できるんじゃないか」と思ってくれたそうで、それでメンバーに呼ばれたということを後で知りました。(藤井)

まず、そもそもなぜM1層が活字を読まないのかについてじっくり考えました。インターネット上でアンケートをとったり、対面インタビューをしたり。すると面白いことが浮かび上がってきた。〔5〕

アンケートで「新聞を読まない」と答えた人は、5人に約3人、だいたい6割くらいいました。それが、対面インタビューで5人くらいに「皆さん、新聞読んでますか?」と尋ねたらだいたい8割……5人に4人、もしくは5人中5人が「読んでます」と言うんです。しかも、「それはどこの新聞ですか?」と聞くと全員「日経新聞」と答える。更に「よく観ているテレビ番組は?」という質問には「ワールドビジネスサテライト」「ガイアの夜明け」。

最初のうちは、「今回のインタビューは、情報感度の高い人ばかり集まっちゃったのかな」と思っていました。だけど、100人くらいインタビューを続けても、その比率がほぼ変わらないんです。そこであるとき、事前アンケートで「新聞を読んでない」と答えた人だけ集めてグループインタビューを行いました。で、「20代ともなれば当然、新聞くらい読んでいると思いますが、何新聞を読んでますか?」と尋ねたところ、全員「日経新聞」とウソを言ったんです。

これって結局何なんだろう、と思いました。その後インタビューを続けて徐々に信頼関係ができてきた頃、「そういえば僕、一つだけ疑問があるんです。皆さ

〔5〕 リクルートでも、マーケティング調査をするときには、定量調査と定性調査の両方を掛け合わせて判断しています。定量調査は、アンケートによる回答で全体的な傾向を量(数)で把握できるデータ。定性調査は対面インタビューなどで、数値化できないターゲットの声を引き出す。リクルートのメディアではこの調査機会が多いんです。(藤井)

んの一日の行動を細かく聞きましたが、一つだけ出てこないメディアがあるんですよ。新聞。皆さん新聞読むって言っていたけど、いつ読んでるんですか？」と聞くと、「実は……。読んでません」「じゃあなぜウソをついたんですか？」「だって、バカにされたくないから……」。つまり、「新聞を読んでいる自分」というのは、2、3割増しした憧れの自分なんですね。新聞に書かれている情報は価値のある貴重なものなんだけど、きちんと読むのは苦痛で面倒くさい。でも読んだほうがいいことはわかっている。このジレンマを持つ人たちがすごく多かったんです。

僕はそういう人を「情報消化不良の痩せ犬」という言葉でたとえました。「インターネットで検索するから、新聞なんていらないよ」というなら「積極的な野良犬」だと思う。最初は、そういう人がすごく増えて、それで新聞や紙メディアが読まれなくなったのかなという仮説を立てていたんですが、そうじゃなかった。情報過多で読みきれない、咀嚼しきれない人たちが増えてきていたんです。

それなら、新聞で取り上げるような情報を800字とかでわかりやすく解説する紙メディアをつくったら、これはターゲットに刺さるんじゃないか、そう思い至ったときに「R25」のコンセプトがはっきり決まりました。閉塞感のなかで「変わらなきゃ」と思っている、M1層の若手ビジネスマンたち。彼らに向けて、「街中で手軽に手に入る無料の週刊誌」「帰りの電車30分で、新聞が全部わかる」という情報誌をつくることで、彼らのなかにあるやる気ボタンを押していく感じです。

若いターゲット層が支持する若いメディアブランドって、たとえばネット上のものとかもそうですが、面白いけどちょっと悲観的、厭世的なものも多いですよね。でも「R25」は非常にポジティブなブランドとして捉えてもらっていることが多くて、それはこうした最初の設計が強く寄与しているからだと思います。〔6〕

こうしたコンセプト設計や実際の記事づくりにおいて、何より大切にしているのが「インサイトマーケティング」です。広告業界でもよく言われる言葉ですが、ターゲットの気持ちを読みとる洞察力。今までお話ししてきたような、心の本音を探り当てることです。

たとえば、彼女から「夜、何食べたい?」と電話が掛かってきたとします。「んー、うどんかな」と答えて、家に帰ってうどんが出てきたら別に普通です。だって自分が言ったんだから。でも実は電話を切った後、うどんからすき焼きうどんを連想して、やっぱりすき焼きが食べたくなったんだけどまあいいや、そう思ったときに彼女がすき焼きを用意していて、しかも最後にうどんの玉が出てきたら、これは無茶苦茶嬉しいですよね。「なんでそこまでわかったの!?」みたいな。「R25」では、そういうことを毎回毎回提供し続けていきたいと思っています。

だいたい皆、自分自身、自分の本音ってはっきりわかっていないものです。周

〔6〕表紙に関しても、最初は別の案がありました。人気アイドルの写真にしようと考えて事前にグループインタビューで反応をみたら、会社帰りのスーツ姿のM1層は「電車のなかで、この人はあのアイドルが好きだから手に取ったんだと思われるのがイヤだ」と言うんです。M1層は周囲の視線にとても敏感でした。これを踏まえ、少し賢そうに見えて、かつ、街中に置いてあってもある程度目立つように強いベタ色が効いたデザインの案を採用しました。色が変わったら、新しい号が出たんだとすぐにわかる仕組みです。「R25」君のフキダシは、「チーフフキダシスト」である僕が、毎回「共感」「応援」「訓示」のローテーションで考えてます。（藤井）

No.271（2010年9月2日配布号）より。「日々是好日」の「訓示」フキダシ。

りから言われて「あ、そうかも」と後から気付くことが多かったりする。対面インタビューで「今、休みがあったら何をしたいですか?」と聞いたりすると「旅行かな」とか返ってくるけれど、それって自分でもよくわかっていないからとりあえず言っているだけ。だから、市場調査で出た結果をそのまま受け止めて誌面をつくってもいい結果があまり出ないと、経験上思います。

「R25」式ネタ出しシステム

インサイトを探り当てるというのは、個人のセンスや才能がないと難しいと言われますが、僕はそれを「仕組み化」で実現できるのではと考えています。「R25」というフリーペーパーのクオリティを約束するときに、たとえば僕という人間がやっているからすごいというのでは意味がないと思っていて、この事業や組織がずっと価値を生み続けるための仕組みをつくることこそ重要なんです。そこで、システム化のための「R25」式会議の方法を考えました。

編集会議といえば編集者が企画を持ち込んで、編集長含め皆でその採用・不採用などを決めていくのが通常です。「R25」の場合は、企画を誰が出したものかわからないように無記名のフォーマットに落とし込んで、それを見ながらブレー

外部スタッフも交えてブレーンストーミングする、「R25」式ネタ出し会議。

ンストーミングするというかたちをとっています。

会議に参加するメンバーは、だいたい10人。政治、経済、スポーツ、オタク文化……など、それぞれ得意としているジャンルも違います。それで会議開始と同時にみんなでネタを書いたペーパーを一つひとつ読むわけですが、毎回250〜300本くらい出てきたなかから、面白いと思ったネタを自薦他薦しながら絞り込んでいく。話しているうちにネタの内容が変わっていっても構わない。どんどん話して膨らませていきます。

たとえば「アメリカ型経営と日本型経営の違いは?」という企画が出たとき、僕としては「これはやりたい!」と思いました。でも、これにノッてきたのは最初、3人くらい。僕はいつも「読者10人のうち、何人が喜ぶ企画か?」を基準に考えていて、10人のうち6人以上が喜ぶと確信が持てなければその企画はやらないんです。じゃあ、どうしたら響くかと考え、「そういえば、CEOとかCOOとかよく聞くようになったけど、CEOの意味ってわかる?」と別の切り口で話を振ってみた。「え!? ……偉い人ですよね」「何の略?」「うーん、わかんないけど、無理やり言うとChallenging Entertainment Organization ?」「そんなわけないでしょう」なんて言っているうちに、あるオモチャ好きな人が「そういえば、バンダイにはCGOっていう肩書きがあるらしいですよ。Chief Gundam Officer

「R25」式ネタ出し法

① 無記名のフォーマット用紙にネタを書きセレクト

→ 純粋にネタの面白さだけで選ばれる

② ブレーンストーミングを行う

→ 元のネタをみんなで更に面白くする

というのが」「冗談みたいだけど本当の話なんだ！」「CEO兼社長っていう人もいるし、CEO兼副社長っていう人もいるよね」と、どんどん話が盛り上がっていき、最終的に「CEOと社長はどっちが偉いの？」というタイトルの企画に落ち着いたんです。

会議がそこまで盛り上がっているときには、もう10人中10人、参加者全員がその話に参加していました。そうなればこれはもう圧倒的に支持を集めるだろうと思った。読み通り、66％の読者が面白いと言ってくれた記事に仕上がっていったのです。〔7〕

ここでの僕の役割は、編集長として独断的にその企画がいい・悪いと判断することではなく、ファシリテーターとして、知ったかぶりをせず、話を途中で遮らず、否定しないで、皆で意見がきちっと積み上がっていくように会議を進行させること。その姿勢でコンテンツを選んでいくと、自然とインサイトが見つかるんですね。

編集者もライターも、自分の専門分野以外では普通の人です。その普通の感覚で面白そうと思ってくれるところまでブレストを続けていく。「CEOと社長はどっちが偉いの？」という企画も結局、アメリカ型経営と日本型経営の違いについて書いた記事に変わりはないのですが、タイトルを「R25」世代が共感する表

〔7〕今までのコンテンツで一番支持率が高かったタイトルは、「空気が読めないと言われる人のビジネス会話術」。最初は「プレゼン下手を解消するトーク術」というタイトルで出てきた企画でしたが、ブレストをしていくうちに「プレゼン下手って、要は空気が読めないってことだよね」という話になった。「プレゼンが下手だ」と認識している人より、「もしかして俺って空気読めてないかも」と思っている人のほうがきっと多いよね、と。他に、「〝数字に強い〟と言われるビジネスマンになる」「帰宅後10分の男磨き〝魅せ筋トレ〟でオトコを上げる！」なども、共感を呼んだタイトルでした。（藤井）

現に持ってきたことで、一気に読者の興味をひくものになった。つまり、企画を出す人が、同時に一素人としてのリトマス試験紙にもなっているわけです。

「R25」のそもそものコンセプトに立ち戻ってみると、若いサラリーマンが「新聞に載っているような、知っていると自分がちょっとレベルアップしたように思える情報」を手に入れることができる媒体でなくてはいけません。でもその絶妙なところ——読者のインサイトを突く記事を毎回量産するのは難しくて、つくり手である僕たちもどんどんいろんなことに詳しくなってきてしまって、他にない企画をやりたいとか、そんな気持ちも出てきてしまう。でも「そういうことではないよね、ウチは」という前提で、常に普通の人の視点を大切につくっています。

だからこそ先述のような手間を掛けた会議の方式をとっています。このやり方だと、コンテンツを20本選ぶ会議に毎週どうしても5時間以上かかってしまうんですが、これをずっと繰り返しやってきたことで、「R25」が読者のインサイトをつかみ続けられていると考えています〔8〕。

世の中の関心とブランドとのなぞ掛け

では具体的に、読者のインサイトと広告主の要望をどう絡めてコンテンツに落

〔8〕こうした「仕組み化」は、実はかなりきつい制約から生まれたものでした。「R25」の立ち上げメンバーである社員は3人、そのうち編集記事をつくるのは僕一人。月刊誌ペースなら自分のアイデアで毎回テーマを決められるけど、さすがに週刊だとそうもいかない。そこでシステム化したのです。更に、協力を仰ぐ外部のスタッフの方たちには気持ちよく働いてもらわなくちゃいけない。そのための一つとして、当初「R25」では、ネタを出して会議に参加するということに対してギャラを払っていました。ネタは、自分が書けないものでもOK。実際の記事は、別の人が書いたっていいんです。僕は、彼らを単純な発注者と受注者の関係ではなく、一緒にものづくりをするブレーンとして巻き込みたかったし、そうしないと「R25」はつくれませんでした。(藤井)

とし込んでいるのか、解説していきたいと思います。

他の媒体と同じく、「R25」にもまったく広告とは関係のない編集記事もあります。先の「CEOと社長はどっちが偉いの?」などはそう。読者が今知りたい、気になっているトピックを800字程度でコラム的にまとめたものです。[9] でも、広告費ですべてのコストをまかなっている「R25」には当然広告が多く載っていて、たとえば、表紙の誌名ロゴの横に商品名が出ているものもあります。更に裏表紙が表紙と同じデザインになっていて、裏表紙のキャラクターのフキダシには商品の宣伝コピーが書かれているなど、様々な広告タイアップのフォーマットがあります。

中ページへの出稿形態には、編集記事とタイアップページを絡めたパッケージもあります。この場合、最初の編集記事は直接的には「広告」ではないのですが、広告する商品につながるキーワード、広告主の言いたいことに寄せてつくります。[10] 後に続くタイアップページへの需要喚起というか、感情を高ぶらせるための導火線的な役割です。たとえば、ある果汁飲料の場合。「飲むとリラックスできる」というキーワードが商品のウリとしてあったので、まず「イライラチェックで真相解明、怒りのツボ診断テスト」という編集記事を4ページつくりました。その後にタイアップページが続きます。

〔9〕「R25」の人気ページであり、代表的なフォーマットとしてコラムが1/2ページで組まれている構成になっています。情報をすぐに読み取れる仕組みです。(藤井)

〔10〕この編集記事にも、編集協力費として広告主から予算をいただくこともあります。(藤井)

「R25」の編集→広告 パッケージ販売

記事とタイアップを一連の流れにする

後に続くタイアップ広告の
助走となる編集記事

タイアップ広告

→ 一連のコンテクストの流れのなかで
広告を読ませることができる

→ タイアップ広告の世界が広がる。
理解が深まる

編集記事は「広告の予告編」と言っていいかもしれません。読者がページをめくっていて、バンッといきなり広告が出てくるのではなく、その広告に向けて、読んでも楽しい、10人中6人が興味をそそられるようなインサイトがある記事を入り口としてつくっておくんです。

広告に近すぎず遠すぎずという位置のテーマを置いて、読者が面白いと思ってくれる編集記事に仕上げるのはもちろん難しい。そこで毎回知恵を絞るんですが、僕はそもそも「広告が絡んでいるから」とか「編集記事だから」という意識は極力排除するようにしています。どっちもコンテンツはコンテンツ。ただ広告には広告主の言いたいことがあり、それを代弁する必要がある。編集記事には読者が知りたい、世の中の空気が面白いと思っていることをすくい取ってかたちにするという目的がある。でも実際、読者にとっては同じ誌面であることに変わりないわけです。だったら広告主のメッセージを伝えつつ、読んで面白いエンターテインメントにしようよということで、「編集記事が付いた広告」という「R25」の手法が生まれていったんです。(11) 僕らにとって、これはある意味、面白いなぞ掛けをやっているような作業です。

その事例を見てみましょう。

(11) 実際この「編集記事と広告(タイアップ)をセットにする」やり方のほうが、商品の内容理解度などの広告効果が1・5〜2倍くらい上がるデータもあります。(藤井)

○広告するもの「中国思想がテーマの映画」

中国・戦国時代の思想家の教えを守る者たちの戦いについて描かれた、とある映画があり、「中国思想」をテーマに記事をつくって欲しいというリクエストが、先に広告主からありました。でも、だからといってそのまま中国思想家を編集記事で特集してタイアップページに続けても、10人中2人くらいしか面白いと思ってくれないんじゃないかと思ったんです。まあ、自分のなかにいる想定読者10人なので、そこの判定は難しいのですが。そこで、一つ先の切り口でできないだろうかと考え、今のM1層には自分の心に常に留めているような教えや言葉がないんじゃないか、一つくらいあったほうがいいのでは？　という提案をしてみたらどうだろうと思い至りました。「そろそろ座右の銘を持ってみない？」というタイトルで、著名人の座右の銘を聞いていく。で、更に孔子や孫子、孟子が説いた言葉が紹介されていて、最後に映画のテーマとなっている思想家の教えがある。そして次の直接的タイアップページで「歴史に葬られた伝説の中国思想が蘇った。ここから男を学ぼう」と落とし込んでいく。そういう流れになりました。

M1層のインサイト「自分がいつも心に抱けるような言葉がない」

↓タイアップの導入になる編集記事テーマ「そろそろ座右の銘を持ってみない？」

○広告するもの「リバイバルゲーム」

人気RPGゲームがファミコン用ソフトとして誕生してから20周年、かつスーパーファミコン版の続編を発売したときの広告です。

昔聴いていた懐かしい音楽や、夢中になって読んでいたマンガなど、カルチャーの自分史ってありますよね。振り返ったとき「あ、自分ってあれを好きだったから今こういうことが好きなのかも」と気付いたりして、自分という人間の歴史がわかって興味深い。それを皆でシェアすると面白いし、そのシェアする感覚をこのゲームをやることで同じように味わってみよう、という流れで、編集記事は「自分発見ノート術」となりました。

ちょっと強引ではありますが、「ノート術」「自分をつくる成分表」「脳内メーカー的」といった、若い世代が興味を持ちそうなキーワードを記事のなかに滑り込ませています。

M1層のインサイト「影響を受けたカルチャーが自分をつくった」
↓タイアップの導入になる編集記事テーマ
「たった3時間で振り返る、自分発見ノート術」

正三角形をつくる

こうした「編集記事付き広告」をつくるとき、広告主から具体的な課題を投げられてから、だいたい1、2日で打ち返します。最低2案。その核となるアイデアは、クライアントに対して交渉する営業、タイアップページをつくる制作担当、編集記事をつくる編集者という3者で頭をつき合わせて考えます。タイアップページをつくる制作担当も、「R25」的編集メソッドを理解していて、だからこそ、全体をひっくるめて連続した一つのエンターテインメントコンテンツに仕上げることができるわけです。

普通、たとえば編集者だったら編集記事をつくるときに「広告は自分と別のもの」と思っている人がほとんどだと思うんですよ。そういう人は、読者が喜ぶことだけがミッションだと信じていて、下手すると、いつの間にか自分を喜ばせるくらいな気持ちで記事をつくってしまっていることもあると思います。最初に立てた企画をもとに取材に行ったけど、実際に話を聞いてみたら全然意図と違っちゃって、でも面白けりゃいいでしょ、みたいなこと。もちろん、いろんな過程を経て、最終的にすごくいいアイデアが出てくることってあると思います。それがきっと編集の醍醐味でもあり、だから編集者は、最初に「このアイデアで行き

「R25式」3つのことを考える！

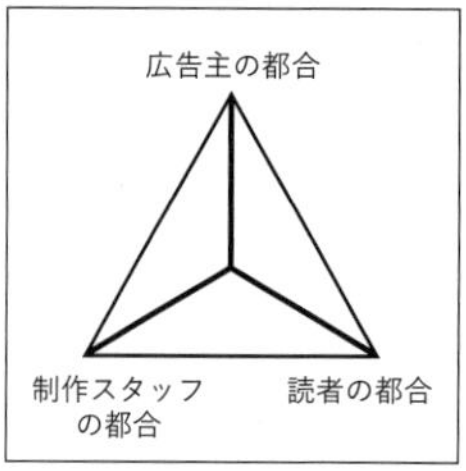

正三角形になると

イケてるフリーペーパーが完成

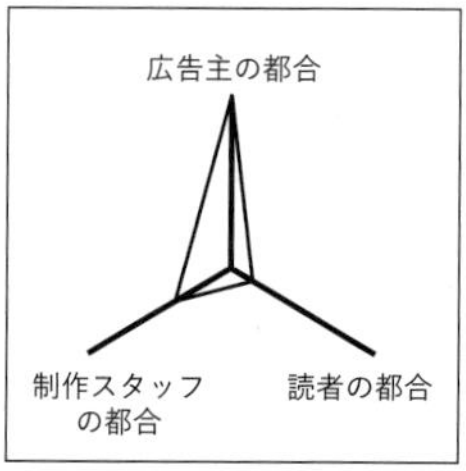

「これって広告じゃん！
商品のことしか書いてない！」

広告主に偏りすぎると、記事に
エンタメ性や読者に役立つ情報が欠落

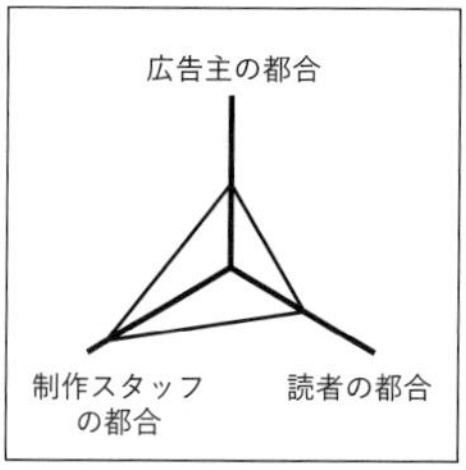

「この雑誌つくってる人って
勘違いしてない？」

広告主や読者のニーズより、
自分の世界を優先してしまうケース

ます」とプレゼンで約束しなければいけない広告ページづくりに前向きになれない人が多い。でもそこは広告的な作法は守らなければいけなくて、だってクライアントはそのアイデアに対してお金を払ってくれるわけですから[12]。

　僕は、自分の心のなかの読者10人中6人は喜ばせようという視点と、広告主が言いたいことをエンターテインメントに変えてビジネスを続けていく視点。この両方を常に持っていなければいけないと考えています。「R25」のメンバーにもいつも「正三角形」を意識させているのですが、一点が読者、一点が広告主、一点が制作スタッフ。この三角形がいびつになってしまうと完成度が低くなると考えています。

　スタッフと読者が暴走して、後で広告主に怒られてしまうような歪んだ三角形になってしまうことってよくあります。それから、広告主の意見ばかり聞いてしまったことによってスタッフもやりたくないし、読者も見たくないという三角形のケース。あと、広告主とスタッフは一生懸命がんばったけど、読者がまったく喜んでくれなかったという三角形。

　歪んだ三角形ではやっぱり、価値は生まれない。「編集は編集」「広告は広告」と別々に考えていても、それはそれでつくれるとは思いますが、ウェブやフリーペーパーなど、様々な形態の媒体が混在する今の時代、読者・広告主・スタッフ

(12)　リクルートには、マッチングビジネスという考え方がベースにあります。「トライアングルハッピー」という言い方をよくするのですが、広告主のニーズと、消費者のニーズをマッチングさせることで、両方の満足をつくり出すことができる。そして、間をつないだ対価として、リクルートは広告主から料金をいただく。つまり、ここではお金の流れも含めて三者が幸せになるマッチングビジネス構造が成り立っているのです。（藤井）

という3者を絶えず融合していくことは、とても重要だと思います。編集の力って、もちろん表現力とかコミュニケーション力も含むと思いますが、新しい仕組みをつくったり、世の中のいろんなものを掛け合わせてみるとか、もっと大局的な視点で活かせるはずなんです。

僕、「R25」のライバルはたとえば「めちゃイケ！」だと思ってるんですね。あれよりも面白い、エンターテインメントコンテンツをつくれないかなあって、いつも考えています。フリーペーパーや紙媒体のなかで一番になることも大切だけど、ターゲットとしている若い人たちには、他に楽しいものがたくさんあるじゃないですか。ゲームにしても音楽にしても、インターネットにしても。だから僕は、他のどんなメディアを見るより「R25」を見るほうが面白い！　と思ってもらえるくらいの新しい発見を、「R25」という場でつくっていきたいと思っています。

スターツ出版「メトロミニッツ」編集長

渡辺弘貴

誌面から、消費のチャンスと売り場をつくる

１９７１年生まれ。１９９５年スターツ出版入社後、広告部の企画営業に。その後、雑誌、ウェブ、モバイル、イベントを駆使した広告戦略を実施する営業推進室を立ち上げる。宣伝販促部へ異動の後、「オズモール」「モバイルオズ」などのインターネットメディアを担当。更に経営戦略に携わる事業開発室を立ち上げ、新媒体、新事業の開発に着手。２００１年10月メトロメディアプロジェクトを発足させ、２００２年11月メトロミニッツを創刊する。２００９年7月配布号より編集長。

「買って」ではなく「あなたの時間を少しだけください」

「メトロミニッツ」[1]を創刊した2002年、世の中は不景気の只中にありました。書籍も雑誌も売れず、出版社はもう、何をつくったらうまくいくのか、答えがわからなくなってしまっていた。多くの雑誌が、内容が良くても売れずに休刊を余儀なくされたり、創刊しても長続きしないという、切実な状況。

そんななかで僕は、自分たちが関わっている媒体の成長をどこに求めていくべきかを考えていました。人に届くメディアを開発していきたい。もっと新しいブランドを創造したい。そこで、「それはそもそも『雑誌』であるべきなのか?」というところから考えたんです。

まずは、新メディアのターゲットとして想定した「20代、30代の、都心で働くビジネスパーソン」にリサーチしてみました。彼らに「欲しいものはなんですか?」と聞いてみたら、20代は「お金」、30代は「時間」「ゆとり」っていう答えが返ってきた。お金がないから雑誌もよほど必要がないと買わない。なまじ雑誌に載っている情報を見たって、忙しいし、お金もないので実現できない。それがストレスになるから読まない、なんていう人もいた。時代の空気も疲弊していて、まるで遊んじゃいけないような、閉塞的な雰囲気でした。これじゃ雑誌は売れないわ

（1）「メトロミニッツ」は2002年11月15日創刊。毎月20日に、東京メトロ53駅で配布している。（2010年9月時点）

けだな、と思いましたね。

更に「一日のうちで接触するメディアは何？　その時間ってどのくらいありますか？」と聞いてみたところ、忙しくてメディアに触れてる時間なんてほとんどない。そのなかでの一番はインターネットやモバイルといった新しいメディアで、雑誌は圧倒的に少なかった。既存のメディアである雑誌やテレビやラジオにも、もちろんいいものはたくさんあります。でも観られない、聴けないんです。みんな日々すべきことに追われていて、時間とゆとりが足りないから。

これでは雑誌をつくっても、ビジネス的に厳しい。そこで考えたのが、「雑誌をつくるからお金を出して買ってくれませんか？」ということはやめてしまって、「すまないけれど、忙しいあなたの一日の時間のうち、1分でいいから、もらえませんか？」というやり方に切り替えてみよう、ということでした。今は買ってもらうことよりも、まず確実に情報に接触してもらうことが大切な時勢だと考えたわけです。まずはとにかく、届けることを考える。ターゲットの時間のなかに入り込むこと。いくらお金をかけて豪華で情報価値も高い、質の良い有料雑誌をつくったとしても、購入して内容に接してもらえなければ何も変わらない。ビジネスチャンスも消費も生まれることはないわけです。

じゃあ、ターゲットからなんとかもらうことができそうな、「隙間時間」っていつだろう？　必然として「日常のなかで一番暇な時間はいつか」を探ることになり、それは「通勤時間」だとわかりました。そうして、その時間をもらうための媒体をつくろう、となったわけです。

媒体を置くのは、通勤で通る場所。なかでも当時の地下鉄はモバイルの電波もあまり通じないいし、外の景色も眺められないから、隙間時間があった。しかも、JRの駅などは広い「敷地」なので人が拡散してしまうけれど、地下鉄なら地下通路というはっきりした人の動線があります。ここに「マガジンラック」を設置して、クオリティの高い無料誌を配布できれば、ターゲットとする人々の隙間時間にアプローチができると考えたんです。

ではターゲットである彼らビジネスパーソンたちに、今届けるべきものは何だろう？　それを考えたとき、内容もおのずと決まってきました。彼らは時間やゆとりがなく、「予定調和」「マンネリ」「ルーチン」といった状態にあることがわかっていた。更にリサーチを続けて見えてきたことは、「さまざまなメディアが溢れ、情報はいつでも取得可能。でも自分はいったい何が欲しいのか？　何がやりたいのか？　どこに行きたいのか？　自分の欲しいものがもうわからなくなっている」という状況でした。そのとき僕は、彼らが望んでいるのは「モノ情報」だけでなく、その先にある「コト情報」なんだ！　と思ったんです。つまり、「消費」の先にある「体験」の情報です。モノの情報はすでに溢れているし、モノを手に入れるだけの感動は長続きしない。でもやっぱり出来事の感動は違うんですよ。たとえば地下鉄でいつもの一駅先に出掛けて知らない店に入ったり、実はそれは気持ち一つで取り入れることができるものなんです。そこで、日常から目を背けるんじゃなくて、日常のなかにデスティネーション（目的）を見つけ、日常を愉しむ提案をしていこう。そうして「トーキョー」を元気にしていこう！　と、編集方針が決まりました。

収入源となる広告主は、ナショナルクライアントです。それまでのフリーペーパーが小口広告を収入源にしていたのに対して、これは当時すごく新しいことでした。

でも、もともとは「ナショナルクライアントとのビジネスを目指そう！」なんて狙っていたわけじゃなかった。結果としてそうなっていったんです。なぜかといえば、そもそも店舗などの小口広告主は、自分たちの地域内にたくさんの広告を置きたいのですが、地下鉄に置く媒体を見るのは動いている人たちですから、その点で、あまり向かない。でも一方で、別の見方をすれば、「都心で働くビジネスパーソンたち」というのはナショナルクライアントにとっては一つの大きなターゲット層になります。「メトロミニッツ」はとても効果的な媒体になることができたんです。また、ナショナルクライアントも消費者に対して「自分たちの商品を使ってもらうために、数分をちょうだい」という思いを持っていたので、「メトロミニッツ」の感覚が共感を得られたところでもありました。

こうしてターゲットを定め、置く場所を定めたことから、媒体としてのグランドデザインが決まっていきました。内容も、クライアントも。「メトロミニッツ」は、「こういうものをつくるから読んでね」とかたちを先に決めたわけではありません。ビジネスのチャンスを探し、そこに焦点を定めた結果、「メトロミニッツ」が生まれたのです。〔2〕

ラックの独占が成功のキモ

フリーペーパービジネスが成功するための絶対条件といっていい要因は、「独自の配布流通」。それがない限りは始められないというくらい、大切です。〔3〕で、帝都高速度交通営団（現：東京メトロ）にいろいろと協力をしてもらい、オリジナルのマガジンラックを常設できることになりました。

ターゲットの時間に入り込むために選んだメトロという場。そこで実際に手に取ってもらうために、駅のなかでももっともわかりやすい場所に目立つラックを

〔2〕 ちなみに、「メトロミニッツ」の名前、もともとは「メトロデイズ」という案でした。「Have a nice day」の「デイ」。でもこのコンセプトを考えたとき、「デイ、つまり一日ってずいぶん長いよね」という話になりました。「一日じゃなくていい、数分でいいからください」ということで、次に考えたのが「メトロタイム」。でもそれだとなんだかクオリティペーパーみたいな雰囲気。じゃあ造語で「Have a nice minutes」、つまり「良いひとときを」という思いを込めよう、ということで「メトロミニッツ」に決めました。（渡辺）

〔3〕 フリーペーパービジネスをしていくにあたって研究した、1990年代にヨーロッパで発達したストックホルム発の「メトロ」というフリーペーパーがあるんですが、それも駅での配布の独占権を持ったということが成功の要因でした。（渡辺）

置きたい。ラックそのもののデザインも、駅の風景に溶け込んでしまわないインパクトとか、クールさ、共感、ちょっとした不思議感、そんな感覚を演出したいと考えました。

当時このラックを使って、「メトロミニッツ」を含め3社の媒体を置いたんですが、その3つを「メトロマガジン」と言うブランドに位置付けました(4)。なぜなら数多ある他のフリーペーパーとは違うポジショニングを狙いたかったからです。当時フリーペーパーでナショナルクライアント広告を収益モデルとして成功しているものはまだほとんどありませんでした。広告主からも読者からも、フリーペーパーはまだまだ質が悪く、媒体としての価値が低いというイメージを持たれていたんです。そんなフリーペーパー像からの脱却、そして新しいブランディングのためには、雑誌自体のクオリティは言うまでもなく、タッチポイントとなるマガジンラックそのもののスタイルも大切でした。冴えないパイプのラックに入っていたら、雑誌もつまらなくみすぼらしく見えてしまうでしょう。僕はこの3誌、つまり「メトロマガジン」で「東京らしさ」を表現したかった。東京らしさって、漢字の「東京」だと土地感があったり、アルファベットの「TOKYO」だと国際的だったり、カタカナの「トーキョー」だとカルチャーを感じたり、そういういろんな「東京らしさ」を包括するスタイルのいいラックにしたい。もう

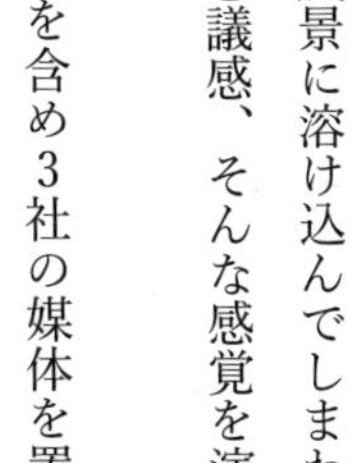

(4) メトロマガジンラックで、各社が発行する無料誌を配布することで、東京メトロには「配布収入」が入ります。これは掲出料と呼ばれ、配布すること＝ポスターなどを掲出すること、と同じ扱いのようです。（渡辺）

そこから、新しさや期待感の演出は始まっているんです。

そこでラックの色は、黒。それは、駅のなかで一番使われていない色でした。どんな色が映えるのか確かめるために、段ボールにいろんなカラーの紙を貼って、えっさえっさと駅まで持って行って、実際に置いてみたんですよ。そうしたら、黄色とか青とか緑とか、意外なことに全然目立たないんです。地下鉄の駅には割とよく原色が使われていますから。でも黒を置いてみた瞬間、いい意味での違和感をすごく感じたので、黒に決めました。結果として、ラックが黒だと表紙の写真もきれいに浮き出て、良かったですね。サイズも、雑誌を手に取りやすい幅や、表紙と目線が合うような高さを計算してつくっています〔5〕。

実は、段ボールを持って現場を確かめられたことは、更なる成功ポイントをもたらしてくれました。段ボールを置いて、実際に通る人の目線になって見てみると、角度が1度変わっただけで全然違ったりするんですよ。キオスクなんかも、店舗が1センチ前に出る、出ないで売上げが変わるらしいですね。それで、どういうところに置くといいかというと、もちろん人通りの多い場所に置くのは当然なんですが、そのなかでも人が急いでいる場所は避けます。たとえば改札の周辺などでは急いで歩いているから、わざわざマガジンを取りに戻ったりしないし、そこにあると気付いていても通り過ぎちゃうことが多い。だからなるべく人が緩

〔5〕　もちろん表紙のデザインも、そこに置かれたときのことをかなり考えてつくっています。「メトロミニッツ」の場合、表紙はコンテンツと連動するというよりも、「〝東京人の粋〟をテーマにしたポスターをつくろう」という思いでつくっているんです。創刊時は毎号、丸枠のデザインで、魚眼レンズの写真を表紙にしていました。「あ、号が変わったんだな」とわかるように、毎回色を変えています。この丸は何かというと、僕たちつくり手側の思いとしては「日常の中の非常口」のつもりなんですよ。そこにコピーをつけて、「東京人の粋」を表現しています。たとえば創刊号は「東京は、つまんない。キミがいないと」。あと、「景気

やかに歩いている場所、なおかつ必ず、遠くからでも「あ、何か置いてある」と見える、見通しの良い場所に置きました。その場所選びのために全駅を回って、ものすごい時間をかけました。

初期の作戦　広告と記事の混在

創刊時の「メトロミニッツ」の誌面は、ワンテーマ特集型ではなく、マルチトピックス型の構成でつくりました。1～2ページに1トピック。なぜかというと、そもそも時間がない人たちにとって、大きな特集を読む時間なんてないだろう、と考えたから。だからネットニュースのトピックスをクリックするのと同じような感覚で、パラパラめくって「おっ」と興味を引かれるところで読めばいいというスタイルにして、1～2駅間で読める短い記事を並べることにしました。有料雑誌のカルチャー誌や女性誌などでもよく、特集に入る前に「What's New」みたいな、1ページで完結しているトピックスのページがあったりしますよね。試しにいろんな雑誌のそのページだけを実際に切り貼りしてみたんですが、なかなか面白い読み物になるんです。それぞれ個性的で、いろんなニュースが入っていて。「トピックスマガジン」ですね。

がいいなあ。きみといれば」とか、「泣いちゃだめ。一人ぼっちで」とかね。なぜこういうコピーをつくったかというと、東京が疲弊していて、自殺者がどんどん増えている。そのなかで、この表紙を見た瞬間に「今日は死ぬのやめとこう」って思ってくれたらいいよね、っていう気持ちがあって。ちょっと飛躍した冗談に聞こえるかもしれませんが、つくっている僕らの気持ちとしては実は本気で、そのくらいの思いを込めて取り組んでいるんです。そういう元気になる言葉とか、ちょっとほっとする言葉とかを意欲的に出していくことで、「東京の粋」というものを演出していこうじゃないか。そう思ってやっています。リニューアルした現在の表紙のテーマは、「明るい、元気なトーキョー」。表紙を見たときに感じる、ワクワク感や期待感を追求しています。（渡辺）

記事とタイアップに共通のアイコンを設置

トピックスアイコン

記　事

タイアップ広告

同フォーマット化による

タイアップページのバリューアップ

そして、実はこの構成のキモは、広告情報も同じフォーマットで掲載できるということにありました。ワンテーマ特集型の構成にしてしまうと、特集というステージのなかにはクライアントの広告はなかなか入れられないわけですよ。どこかステージの間、つまり特集の外に、純広告みたいなかたちで入れるしかない。でもマルチトピックス型なら、ステージの上にキャストとしてクライアントも入れてしまうことができるんです。どのページを開いても、一見してどれが広告なのかわからない。このスタイルであることで、広告と編集記事の自然な混在が可能になったんです。

クライアントである広告主からすれば、広告を編集記事とまったく同じフォーマットで掲載できるということには、すごく価値があります。トピックスにはそれぞれ「トピックスアイコン」というシールみたいなマークがあって、これを貼られることがクライアントにとって何よりの喜び、そう感じていただけたんです。また、これを貼ることによって僕らは「これは、広告部が窓口になるいわゆるタイアップ広告じゃなくて、編集部主導のペイドパブリシティです」という言い方ができた。つまり「これも編集ページである」ということ。編集ページなわけだから、「編集方針――レギュレーションが発生します」ということで、文章や写真など、比較的編集主導でページをつくることも可能になった。だから、クライアントからの訂正はあまり入らなかったですね。広告であるトピックも記事であるトピックも、編集部が「編集の視点」で選んでまとめることで、読者に届けたいおすすめの情報にすることができたんです。

商品でストーリーをつくる

こうして、トピックスのなかに広告、つまり企業情報を入れていくわけですが、その方法として、僕らは「商品でストーリーをつくる」というやり方を意識していました。そのやり方は、大きく3つに分類されます。

①「ドラマに登場型」

まずその一つが、「ドラマ型」。誌面ドラマのなかで商品を出していくということですね。ドラマ仕立てだから、読者に対して、次への期待感を持たせていくことができる。たとえば、あるお菓子メーカーのガムの広告。とある主人公が、毎月いろんなシチュエーションで、商品に出会うドラマをつくりました。最初は、主人公がトイレで歯を磨いていたら、隣で歯を磨かずガムを食べてる人がいる。「なんだよ、それ」というのがきっかけで、だんだんこのガムの魅力にハマり、

「ドラマに登場型」

毎号毎号あらゆる場面でこのガムを食べる。ヨガをやりながらとか、海の家でとか、シーズンごとにいろいろドラマをつくりました。

②「ライバルと対比型」

2つめは、「対比型」。これは、商品が売りにしているポイントと似たものを敢えて出して並べることで、クライアントの商品を引き立たせるという手法です。たとえば、食事代わりに手軽に栄養を摂れる携帯食の場合なら、エネルギーで匹敵するものを出す。ちょうど土用の丑の日の頃なら、いかにもエネルギーが出そうな鰻重を食べてるシーンを記事中に設定する。そこで同僚の彼女が隣でおひつを開けたら、クライアントの商品が入っている。で、「同じよ、これ」みたいなことを言うんですね。つまり、鰻重レベルのエネルギーが手軽にスマートに摂れる、というわけ（笑）。

③「予想外の提案型」

3つめ、人気があったのは、「提案型」。たとえばリキュールの「カルーア」の広告。普通飲み方って、カルーアミルクくらいしか知らないですよね。そこで、「いや、実はカルーアを使ってこれだけバリエーション豊かな楽しみ方ができるんだ

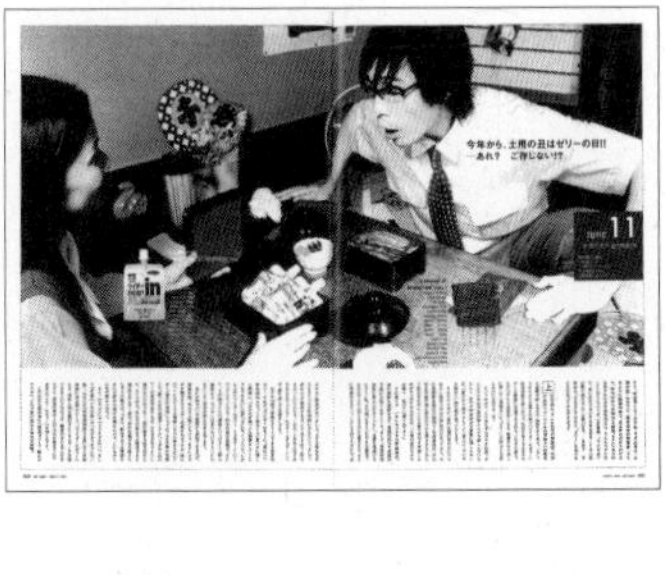

「ライバルと対比型」

渡辺的　企業情報の編集コンテンツ化テクニック

① **ドラマ型**　ドラマのなかで自然に商品が

② **対比型**　商品特徴を印象的に見せる

③ **提案型**　思いもよらない利用法の提案

↓

商品にドラマとシナリオを

よ」という提案で、カルーアを使ったスウィーツやカクテルレシピをたくさん紹介しました。企画自体は突飛なものじゃないんだけど、記事内容としてはすごく意外性があって、「知らなかったことを教えてくれた」「こんな楽しみ方が家でできるんだ」と、女性の支持率がとても高かったんです。

僕ら「メトロミニッツ」での企画の価値として、このように「意外性がある」というのは、とても大切にしている点です。雑誌のいいところって、「開く」という行為があるところだと思うんですね。パッと開いた瞬間に、違和感を覚えたり、驚きがあったり。「めくる」という行為から、ストーリーを演出しやすいんです。インターネットだとその「めくる」行為ができないし、新聞だと段組で見ていくから、ストーリーの演出はしにくいと思うんですが、その点で「メトロミニッツ」は、マガジンスタイルにこだわりました。

それから「実現可能性がある」という要素もすごく大事です。手が届きそうにもない憧れだけの情報や、企画を面白くするためだけの虚実な内容ではなく、ちょっとしたアイデアや行動で実現できることを追求するんです。「いかに日常を愉しむか!?」が、「メトロミニッツ」の根幹にあるコンセプトですから。「都心でキャンプ場から通勤をしてみよう」とか、「週末は海外で過ごして月曜日はちゃんと出勤する」とか、意外性もあるけど「あ、できるかも」とも思わせる企画。「私

「予想外の提案型」

渡辺的　提案のルール

意外性　×　実現可能性

相反しそうな２つの要素のハードルを越える

には関係ない」「できっこない」と思われてしまってはダメで、「この情報は私のためにあるものだ」と思ってもらいたいんです。

そして、物語性。ただ新しい情報だけを伝える媒体は他にもたくさんあるけれど、「メトロミニッツ」ではその消費の先に生まれる物語までを記事として伝えたかった。たとえば「新幹線が通った」という記事なら「ふーん」で終わるところを、「メトロミニッツ」では「じゃあ、熱海から通勤してみよう！」という企画にしたり。

つまり「メトロミニッツ」らしさとは、「意外な驚きや提案があること」「実現性があること」「物語性があること」、この3つの要素のハーモニーなんです。そこにユーモアやタイミングなどの要素を加えて、情報をプレミアムなものにしている。この考え方で企画した誌面は、第一次情報である「モノ情報」だけではなく、第二次情報である「コト情報」を含んだものになっていきます。クライアントの商品情報も、体験を伴う「コト情報」まで含んだコンテンツにする。そうすることで読んだ後の気持ちや時間につなげることができるのです。

僕は思うんですが、時代が疲弊して「つまんない、つまんない。何かいいことないの？」って言ってるうちは、自分自身がつまらないっていうことなんですよ。自分に期待しないのは、良くない。「できない」じゃなくて、やってみればいい。

そういう意味において、「実際にやる人は少なくても、本当にできるんだよ」って教えてあげたいんですよ。エールに近いかもしれませんね。

新「メトロミニッツ」の戦略　誌面でマーケットメイク

こうして僕は「メトロミニッツ」事業立ち上げからプロデューサーとして関わってきまして、今は編集長を兼務しています。そこで更なる新しい展開として、「ターゲットを追う」のではなく「ターゲットをつくる」ことに、チャレンジしています。

マガジンの編集というのは、ページを開いた紙の世界を編集するということ。でも今僕らは更にその先を考えているんですね。どういうことかというと、この紙の世界に、時間という概念を入れた編集方法があるんじゃないかと思っているんです。雑誌の見た目がカッコよかったり面白かったりするだけじゃなくて、その先にある人の流れまで見越した上で、誌面をつくっていく。それが今の僕の編集スタイルです。誌面で完結じゃなくて、その後どうなるか、どういう消費行動が起きるのか、そこまでを含めて、パッケージとして編集する。そういうことをやっていこうと思っています。

その背景には、「メトロミニッツ」は「東京と『トーキョー人』をブランディ

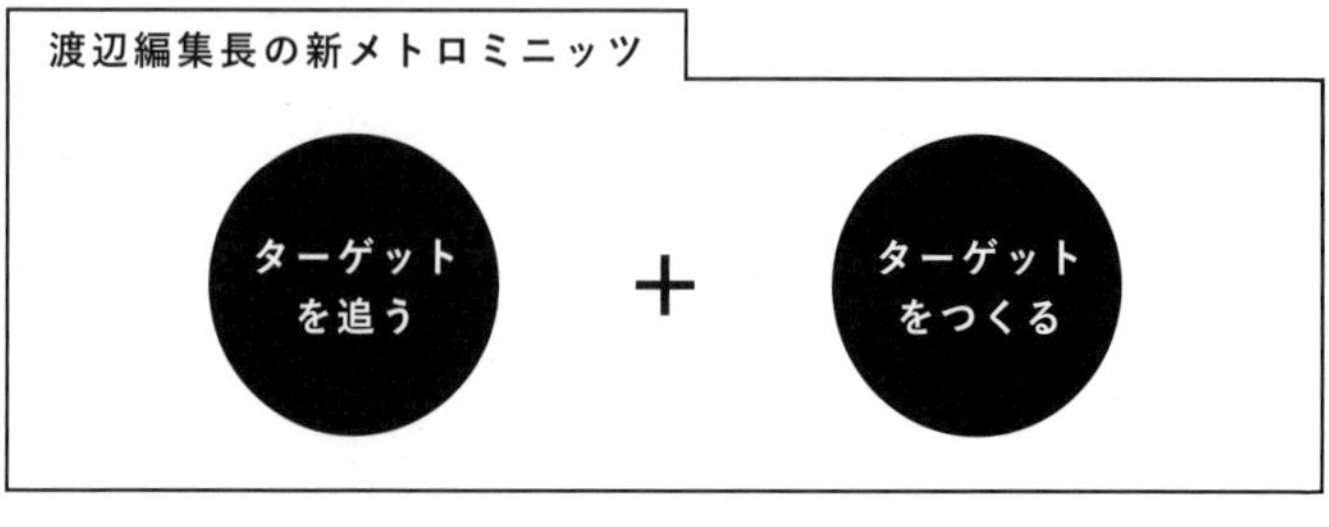

ングするマガジンなんだ」という思いがあります。「メトロミニッツ」は、「東京生活を愉しくしてくれる友だち」というパーソナリティーを持っていたい。だから「今、東京に足りないのは何だろう」と考え、トーキョー人に提案をしていきたい。その結果、「人と街、人と人とのコミュニケーション」をつくりたいのです。そこで、一つ特別なシーンを設定し、誌面をつくると共に、現実のそのシーンを盛り上げるためのキャンペーンをも発動する。これが「メトロミニッツ」の新しい編集スタイルです。

たとえば、2009年7月配布号で特集を組んだ「トーキョー・ハッピーアワー」というキャンペーン。昨今の不景気で「ノー残業デー」を設定する企業が増えていますが、そういうとき読者は何をしているのかと調査したら、「いや、家に早く帰って、メシ食べてる」という答えだったんですね。

でも僕らとしては、そうじゃなくて、街でお金を落としてほしいんです（笑）。そうじゃないと僕らフリーマガジンはお金にならないし、みんなが帰り道でアクションを起こせば東京はもっと潤うはず。だから、「家に早く帰るんじゃなくて、もっと寄り道しようよ」という提案をしました。それが、ハッピーアワーという時間でした。東京のハッピーアワーを、誌面だけじゃなくてその先に広がる時間まで含めて、キャンペーンとして盛り上げよう。そして、トーキョー人が都内で

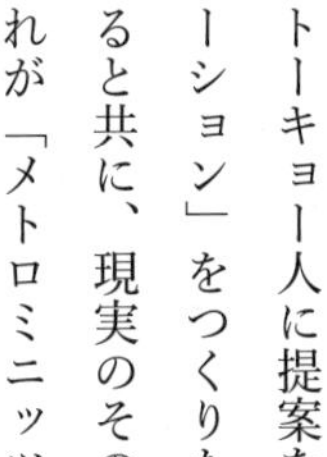

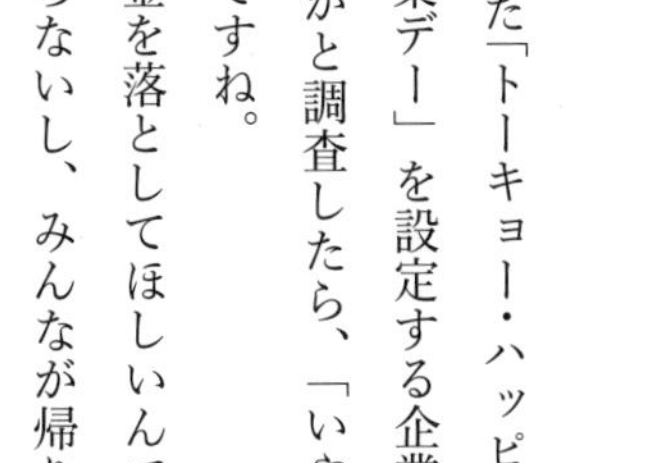

2009年7月配布号「トーキョー・ハッピーアワー」。ハッピーアワーとは、平日の夕方の一定時間だけ飲食店で割引がある、お得な時間のこと。誌面では、東京のハッピーアワーを楽しむための飲食店やそのサービスを多数紹介した。

お金を使うことを狙い、経済効果を高めていこう。誌面の特集をはじめとして、実際のお店や美術館や展望台などにも「トーキョー・ハッピーアワー」キャンペーンを呼びかけました。つまり僕らとしては、読者に向けて「ハッピーアワー」というライフスタイル的な提案をしつつ、夕方に楽しい時間を過ごすために行くであろう場所をクライアントとして想定して、広告や店頭プロモーションを開発していったということです。

もう一つ例を挙げると、２００９年11月配布号で特集した「東京ステイケーション」キャンペーン。「ステイケーション」という聞き慣れない言葉は、アメリカで生まれた言葉です。世界経済が傾いて、アメリカ人はお金を使わなくなり、長期バケーションのニーズが減ってしまった。その結果、「巣ごもり消費」が活性化。アメリカではバケーション期間を自宅で過ごすためのバーベキューセットや子どものプールがよく売れたそうです。

「ステイケーション」はそこでできた言葉で、「ステイ」と「バケーション」を足した造語です。その定義は、まず日程を決めて、バケーションと同じ感覚で日常生活を過ごすということ。だから「ステイケーションする」と決めたら、その期間中は掃除洗濯も一切せず、日常の作業はすぐにやめて、旅行した気分で過ごしましょう、ということです。

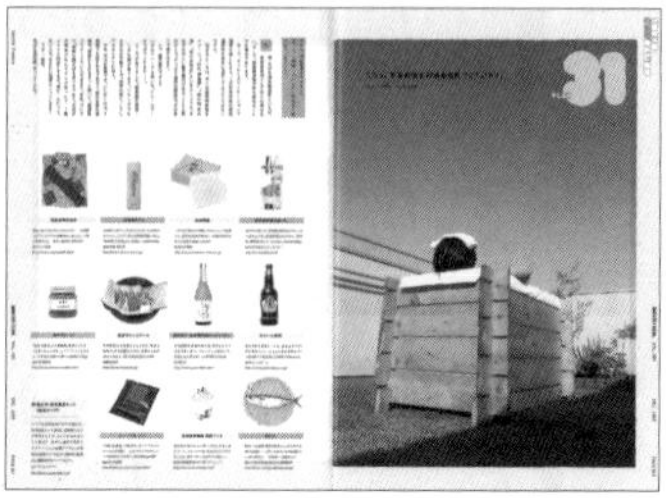

２００９年11月配布号「東京ステイケーション」。「東京でバケーションしてみませんか!!」を合言葉に、全40プランを提案した。

渡辺式　誌面と売り場を連動させる

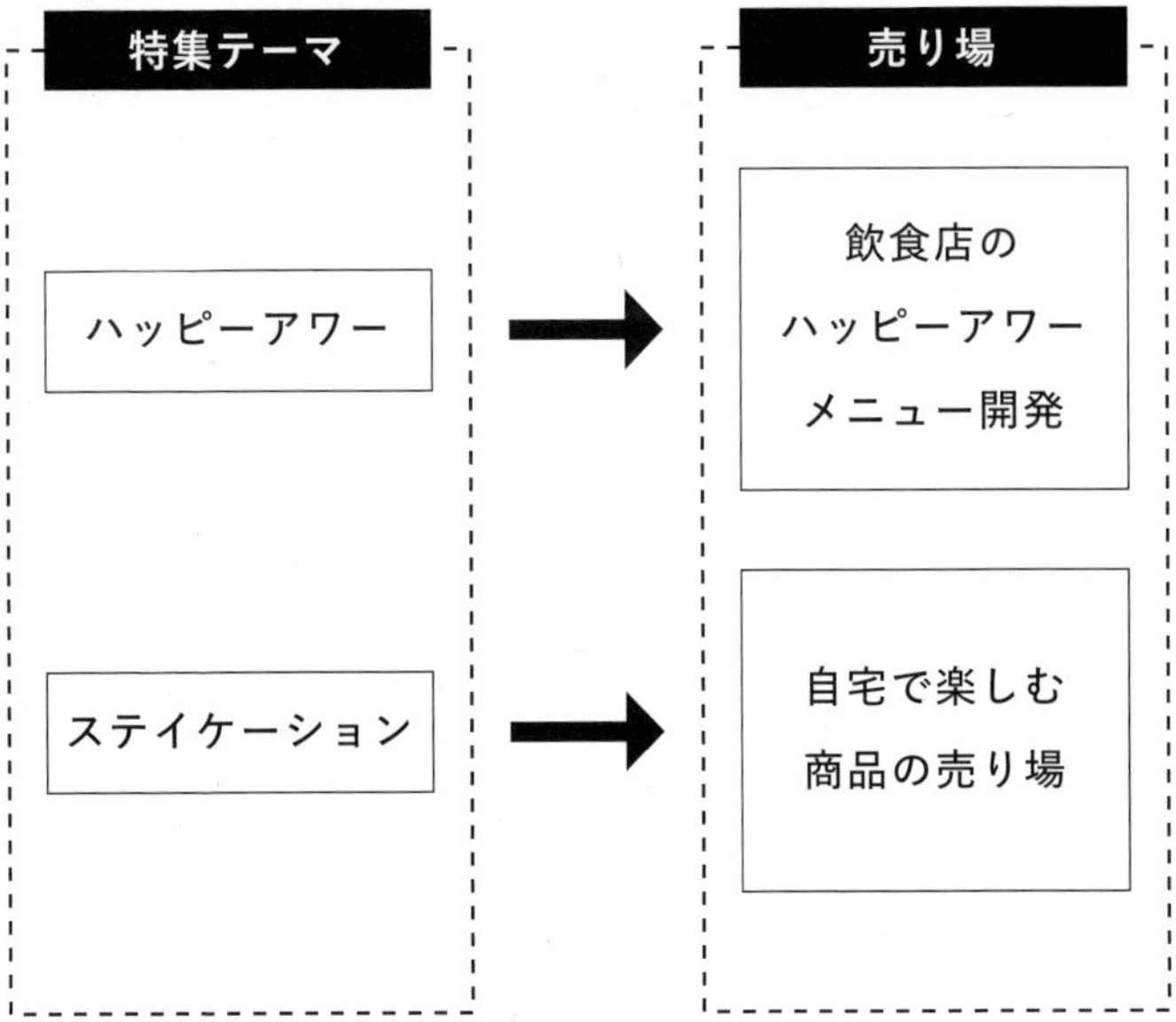

誌面でこのような特集をしましたが、紙の上だけにとどまらず、特集から実際の売り場を考えることまで実行しました。クライアントと売り場でどういう連動ができるか、そこまで考えるということです。「ステイケーション」ですから自宅でできるスタイルを誌面で提案します。たとえば、バーベキューは冬はできないから、ジャパニーズバーベキューということで、炉端。じゃあ、売り場では七輪を売りましょうとか。あるいはゆっくりシエスタをしましょう、ということで、高級枕を売るとか。

そんなふうに、特集とマーケットを完全に連動させて、編集をします。そこで売れるもの、つまり広告主となる存在は、必ずしもナショナルクライアントだけではありません。まずは店舗、実際の売り場をクライアントとして想定し、小口の販促費を狙いに行く。でもそこには更なるからくりがあるのです。たとえば飲食店で「ハッピーアワー」キャンペーンをやれば、その売り場と組みたいアルコール飲料などの企業が出てきます。つまり飲食店とタイアップした展開で、キャンペーンにナショナルクライアントがついてくるということになるんです。

キャンペーンを打てるような、特別なシーンってやっぱりそんなにありませんが、それを発見していくしかない。あんまり奇抜なことを提案しても、今度は読者とのコミュニケーションの距離が遠くなってしまって、ついて来れないということもあります。そこは常に考えながらやっているところです。

取材して誌面に載せて終わり、の雑誌づくりではなくて、もっと立体的にコンテンツをつくっていこうと考えているんです。雑誌のなかという平面の世界で終わるんじゃなくて、読んだその先にある、消費の行動までをちゃんと設計する。読者がどういうふうに動いていくのかをイメージしていなくちゃダメですよね。

読者からお金をもらうプランに挑戦

もう一つ、時間軸まで含めた編集スタイルの方法として、「予約ミニッツ」という誌面連動のウェブプランをつくりました。

これはちょっと複合的な仕組みで、たとえば「ゴールデンウィークは六本木で過ごしましょう」という特集をまず誌面で組みます。そこには六本木ヒルズと東京ミッドタウンがクライアントになったタイアップが入ってくる。で、それが終わった後、今度はウェブ上で「ウェブ予約ミニッツ」というページをつくり、「六本木で過ごすなら、ここで食事をしましょう」みたいな、「メトロミニッツ」の読者専用の特別限定プランを設定したのです。六本木のいろんな有名店で、それぞれオリジナルコースメニューが食べられる、8千8百円のワンプライス設定で

BtoBビジネス から BtoCビジネス

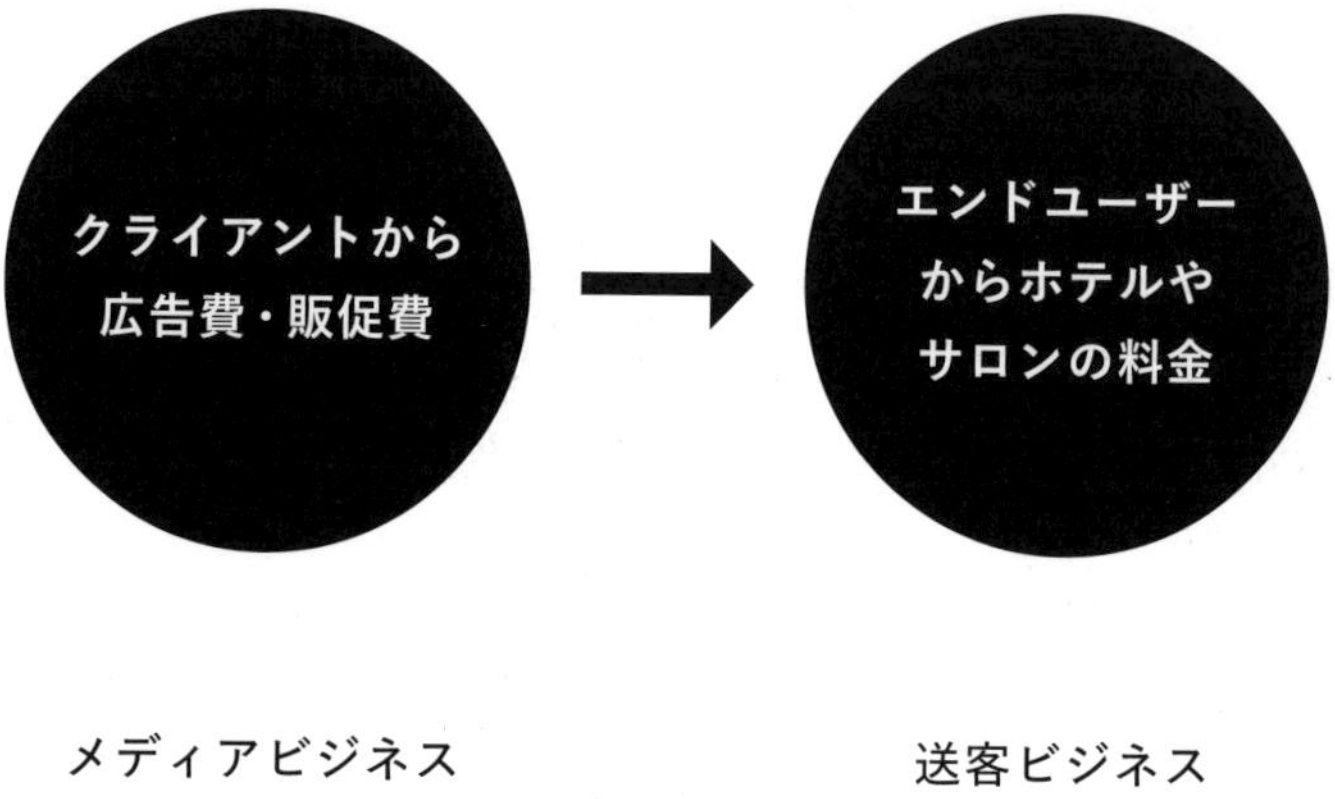

す。これは「オズモール」からヒントを得た企画で、「女性はややこしいプラン設定が苦手だから、ワンプライスにしたい」という「オズモール」の編集部の声を反映しました。

収益モデルは、そのお店から広告出稿費をもらっているわけではありません。ウェブでこのプランを買ってくれたお客さんたちが支払う料金から何%かの送客手数料をもらえる仕組みです。一度その仕組みをつくって展開すれば、毎月ずっと、お客さんが「予約ミニッツ」からレストランやホテルを予約してくれるたびに送客手数料が入る。つまり、雑誌の特集とレストランやホテルなどをうまく連動することで、いわゆるナショナルクライアントからはお金をもらえないけれども、お客さんが払う料金のなかから少額ずつお金をもらっていこうという、新しいスタイルのビジネスです。

定価が安くなるというのはクーポンの大事な機能ですが、僕らは新しいタイプのクーポンを開発したいのです。たとえ高額であっても読者がクーポンを使ってそのサービスを試してみたくなるような。クーポンが提供する新しい体験を誌面で紹介し、盛り上げ、消費を促し、少しでも経済効果を上げていきたい。小さな運動ですが、それは継続性を持ってやっていこうと思っています。

僕は、フリーペーパーって有料雑誌よりも意外性のある情報を載せることがで

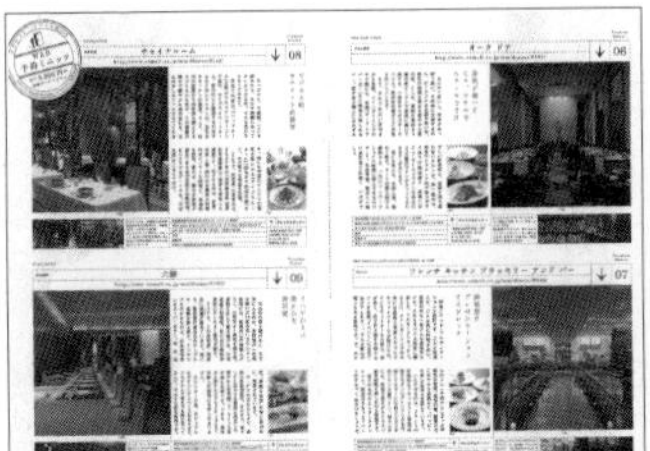

「予約ミニッツ」では、誌面で特集したテーマに沿ったクーポン利用プランを提案。ウェブとも連動した複合的な仕組み。

きると思うんですよ。こういう、時間軸まで含めた編集もそうです。有料雑誌だと、それこそお金を出して買ってくれる固定読者の期待を裏切ってはいけないので、ある程度期待値通りにつくらなくちゃいけない。だけどフリーペーパーは、それを裏切ってみることがいろいろできます。有料で売らなくてもいいからこそ自由に発想できることもある。その自由な発想で新しい提案をすることが、世の中に対するフリーペーパー編集者の責任なのです。だから、読者が読んでいくうちに発見があったり、「知らなかった、面白い」「行ってみたい」と思ってもらえるチャレンジができる。そういうものが、東京のなかにたくさんあります。

「メトロミニッツ」で連載していたフォトグラファーの藤原新也さんの言葉ですが、「フリーマガジンは、不意をつく。情報が入ってくるスピードが違う。ごくごく水を飲んでる感覚だ」と。お金を払った雑誌だと「読むぞ」「この特集だから買うぞ」という気持ちがもともとあって読むけど、たまたま手に取ったフリーマガジンに対しては、マインドが形成されていない。何の気持ちもなく手に取って入ってきた情報は、入りやすいんです。つまりフリーであることで、1行でも気持ちに刺されば、水のようにどんどん情報が入ってくる。もちろん、ある程度の期待値がないと手に取らないんだけど、その期待値が、微妙ないい温度なんですね。だから、見て「いい情報だ」と思ったものの飲み込み度は高くなるということ。それが、広告効果の高さや反響にもつながってきていると思います。

フリーペーパーをつくるということは、コンテンツをゼロ円にするということ。読者にとっても自分たちにとっても有料のコンテンツとは違う価値を創造しなければいけない。それには、ビジネスモデルの設計を事前にきちんと考え、わかった上でコンテンツを提供していかないといけません。

具体的には、僕らは「メトロミニッツ」というメディアで、流通や施設を巻き込んだキャンペーン型のコンテンツをつくる。誌面と売り場が組むことによって、消費を更に活性化する。この一連の流れをパッケージングしたい。それは誌面の編集だけではなく、時間や人の流れを含めた編集をすること。それが、これからの時代の編集なんじゃないかと思っています。

広告主をつなぐ読者のライフスタイルと

今尾朝子
光文社「VERY」編集長

１９７１年生まれ。フェリス女学院大学卒業後、１９９８年光文社に入社し、「VERY」編集部に所属。２００２年、「VERY」よりも年上の世代を読者ターゲットとした「別冊　姉VERY」の編集に携わる。新雑誌開発室で同別冊のターゲット世代に向けた定期刊行物を企画し、「STORY」として創刊されるにあたって同編集部に異動。２００７年からは再び「VERY」編集部に移り、編集長として「イケダン」「エレカ様」など読者のニーズをとらえた人気コーナーを生み出している。

広告に支えられる女性誌

女性誌がどうやってつくられているかをお話しするにあたって、まず女性誌のビジネスモデルに触れておくと、女性誌の収入は広告が大きな部分を占めています。多くの女性誌は広告収入があって成り立っているのです。広告は雑誌が生き残るための重要な活力源であり、広告主に「この雑誌に是非広告を入れたい」と思われる魅力的なメディアにならないと、生き残り、成長することができません。[1]

広告主にとって魅力的な媒体とは「この雑誌に広告を載せると、ものが売れそうだ」と思えること。つまり、雑誌に読者に対する影響力、ライフスタイルを提案できる力がなくてはいけないんです。

広告は雑誌を支えるものですが、だからといって「広告が入りやすい企画」ばかり考えていては、読者が本当に知りたい内容から遠ざかってしまいます。「VERY」[2]は、読者のリアルなニーズを汲み取り、そのちょっと先の姿を誌面で具現化することに注力している雑誌です。まず第一に照準を合わせるのが読者のニーズ。これが「VERY」のスタンスです。徹底的に読者のリアルな生活に迫り、そこから発見した新しい動きを誌面に反映することで、多くの読者が「私もそのスタイルを真似してみたい」と動いてくれる。つまり、提案力の高い誌面が

〔1〕編集者にも、広告主絡みの仕事がたくさんあります。いろいろな企業から毎日、たくさんの新商品発売のリリースや発表会のお知らせが届きます。ファッションウィークになると展示会の招待状が週に100通以上は届くので、広告部の担当と一緒に効率良く回れるようスケジュールを組みます。「VERY」はファッションだけでなくライフスタイルも含んだ雑誌なので、広告主のジャンルもファッションだけでなくコスメ、家電、住宅、旅行など、多岐にわたります。展示会で広告主とコミュニケーションをとって情報交換をすることも仕事の一つですし、広告代理店とのコミュニケーションを密にとっておくことも大切ですね。タイアップページをつくるときには、社内の企画広告部主導のときもありますが、やっぱり「VERY」のなかのページだから、キャスティングにはなるべく一緒に関わるようにしています。(今尾)

編集できるようになり、その結果、広告主もついてきてくれる。そんな姿勢で誌面をつくっています。

「リアルであること」の追求

「VERY」のターゲットは30代の主婦層です。ファッションだけにとどまらず、インテリアや料理などライフスタイルも含めて、彼女たちの欲求――今足りていないことや、困っていることを発見し、新しい提案をしていく雑誌。読者の日常をハッピーにする情報を発信しています。自分らしい「幸せのかたち」を模索する30代に向けた「幸せ30代の主婦雑誌」というコンセプトです。

表紙にある「基盤のある女性は、強く、優しく、美しい」というキャッチコピーは、私が編集長になってから新たに付けました。「基盤」というのは、実は「家族」のことなんです。結婚前の20代の頃は、親や会社や恋人に合わせて自由にできなかったことが、家族という基盤ができて、初めて自分らしくなれた。30代を新しい出発点にしたい。そんな読者の想いを体現したものです。

以前私は40代向けの女性誌「STORY」編集部にいたのですが、そのくらいの世代には「実は、ウチってこうなのよ」なんて、悩みを正直に周囲に言い合え

（2）「VERY」は、1995年に創刊した光文社発行の月刊誌。発行部数約25万部、定価700円。30代の主婦をターゲットとして、ファッションはじめライフスタイル全般を提案している。

る雰囲気がありました。でも「ＶＥＲＹ」世代は、まだ自分や家族にあきらめを持てなくて、理想に燃えている世代。一人で悩みを抱えている人も多いんです。30代の主婦の方って、想像以上に子育てや旦那さんケア、ママ友づきあい……と毎日大変なんです。世代的に、まだ結婚したてだったり、出産したてだったり、子どものお受験があったり、日々悩み、葛藤もあります。がんばりすぎちゃっている方も多い。そんな世代に向けて『ＶＥＲＹ』を読んでいるときは、ハッピーでいられる！」と思われる雑誌でありたいと思っています。力付けになったり、安心できたり、背中を押す存在でありたい。と同時に、大人のシャレや遊びがわかる読者たちが相手であると、私たちも読者を信頼してつくっています。

そのためには、やはり誌面は読者にとってのリアリティが溢れていなければいけないと思っています。「あ、これは、私に対して言っていることだ」とか、「これ、私のことだ！」と思われることはすごく重要。「ＶＥＲＹ」では、「目白の学校ママ＝メジサバ派[3]」など、洋服を着るシチュエーションをすごく細かく設定したり。誌面に多くの読者モデルが登場しますが、「この雑誌にはリアリティがある」と感じてほしいから。実際のターゲットの生活やファッションをそのまま切り取るために、ロケ撮影が多いのも特徴です。

憧れの要素ももちろん大事ですが、それも非現実的なものではなくて、がんば

〔3〕「ＶＥＲＹ」では、有名私立幼稚園や小学校がある東京・目白で送り迎えをするママたちのコンサバスタイルを「メジサバ（目白コンサバティブ）」と名付け、誌面で紹介している。

れば手が届きそうな、ちょっとだけ先を行っている感じを目指している。「半歩先」の提案。「半歩先のリアル」です。

暗黙知を言語化する

「半歩先のリアル」を提示することとは、まだもやもやとかたちになっていない読者のニーズや気持ちを、言語化して誌面に出していくということです。読者の心をとらえるのに効果的なのが、ある現象や状況を「キーワード化」すること。キーワードを見ることで読者に「そうそう、その気分！」と思ってもらうんです。「ＶＥＲＹ」は創刊当時から「シロガネーゼ」などの言葉をつくってきました。そうした読者にとっての「所属」をつくってあげることで、スタイルの提案もしやすくなります。そしてキーワードができると、テレビや新聞など他のメディアがこぞって「シロガネーゼ」といわれる読者を「時代を代表する女性像」として取り上げてくれました。また、「公園デビュー」など、どんなママでも体験する行為をキーワード化することで、そこに着ていく服や、バギー（ベビーカー）スタイルの提案が可能になったわけです。

こうしたキーワードはわかりやすいことが重要で、広告のコピーのようなオ

「キーワード＝社会の暗黙知」の顕在化

コギャル	負け犬	アゲ嬢
シロガネーゼ	おひとりさま	草食男子

シャレな言葉より、実はベタな造語のほうがウケがいいんです。雑誌は日常のなかの娯楽なので、面白さや、ちょっと気になる表現のほうが届きます。たとえば最近の「ＶＥＲＹ」では、「イケダン」というキーワードが定着して、ワイドショーなどでも取り上げてもらっています。「イケダン」というのは「仕事をバリバリこなしながら家庭を大切にしている、イケてる旦那様」のこと。読者が「うちの主人はこんなことをしてくれる」「あそこのご主人は素敵」なんて話しているのを聞いて、「ＶＥＲＹ」世代の読者たちは意外と自分のご主人のことをリスペクトしているんだと思ったんです。ご主人に家事、育児に協力的なイケてる人になってほしいと思っている方も多い。そこで、「イケダン」というキーワードをつくってみました。

この「イケダン」を紹介するページはすごく読者に支持されて、連載にもなりました。たくさん編集記事があるなかで、このページから読んでます！　と言ってくれる読者もいるくらいです。

「ハンサム」という言葉もよく登場するキーワードです。ここ10年、世の中の女の人が好きなキーワードって「カワイイ」とか「モテ」でしたよね。スイートな言葉です。でも、読者の声を調査していくと、主婦になったからこそ『カッコイイ』って言われたほうが嬉しい」という声も多かった。「専業主婦より、自

キーワードが生み出すこと

「コギャル」という記号ができると…	① **肯定**「コギャルでよかった」
	② **同化**「私もコギャルになりたい」
	③ **寛容**「なんだ、うちの子はコギャルなんだ」
	④ **報道** メディアが「コギャル」を取り上げる
	⑤ **市場** 企業が「コギャル」向け商品を開発

分を生かした仕事を持った主婦のほうが『カッコイイ』という声も。同世代で憧れる女性像についてアンケートを採ると「ファッションも生き方もカッコイイ、海外セレブのアンジェリーナ・ジョリー」が一番人気でした。そこで、「ハンサム」というキーワードを打ち出しました。「ハンサムカジュアル」という誌面の企画や、「ハンサムマザーを応援します」というイベントを展開したり……。

「エレカ様」というキーワードもつくりました。「カート（ベビーカー）を押していてもエレガント」というコンセプトをモジった架空のキャラクターです。ヨーロッパ製のオシャレカートを選ぶことが一つのファッションになって、ママたちが堂々と街を闊歩するようになったのは素敵なことですが、その反面、大きなベビーカーに足を轢かれたとか、数人のママたちがベビーカーを押しながら横に並んで歩道をさえぎっていて困った、といった声も耳にするように。そこで、見た目はとってもLAセレブ的だけれど、実はカートマナーをしっかり心得たエレカ様キャラを仕立てて、街中でカートを押すマナーが伝わればいいなという思いを込めました。

暗黙知の言語化によって、そこに新しい文化やスタイルが形成されます。ターゲットにあった商品が明確になり、市場が生まれるのです。もちろん、言語化するといっても、突然ポンと言葉が生まれるわけではありません。読者のリサーチ

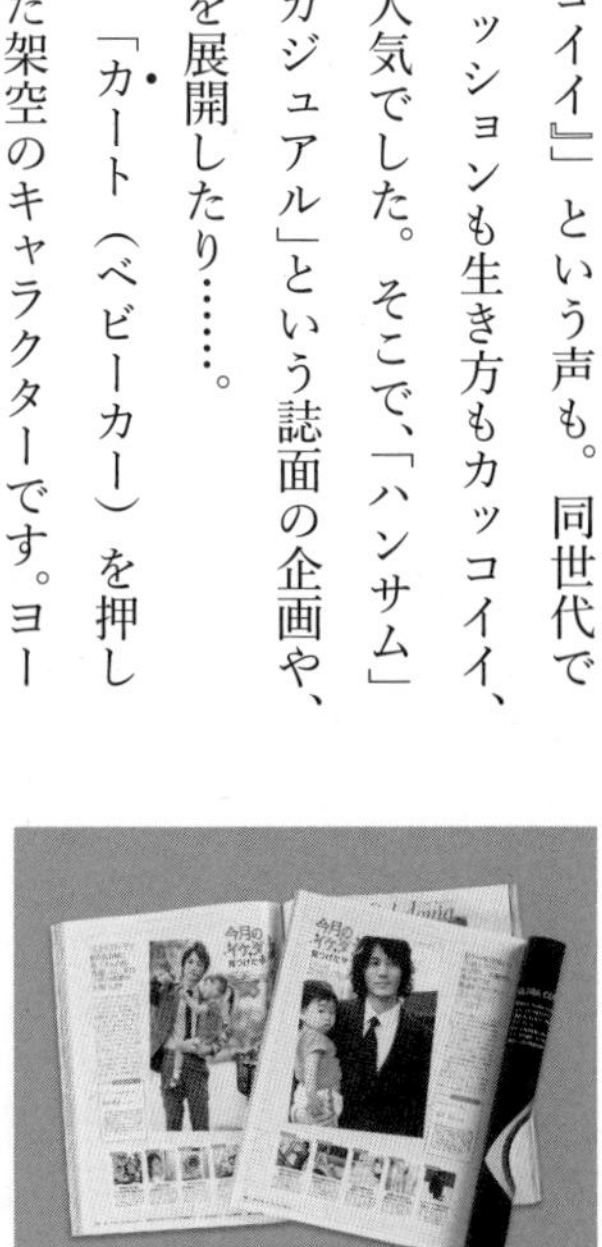

連載「今月のイケダン見つけた♡」。

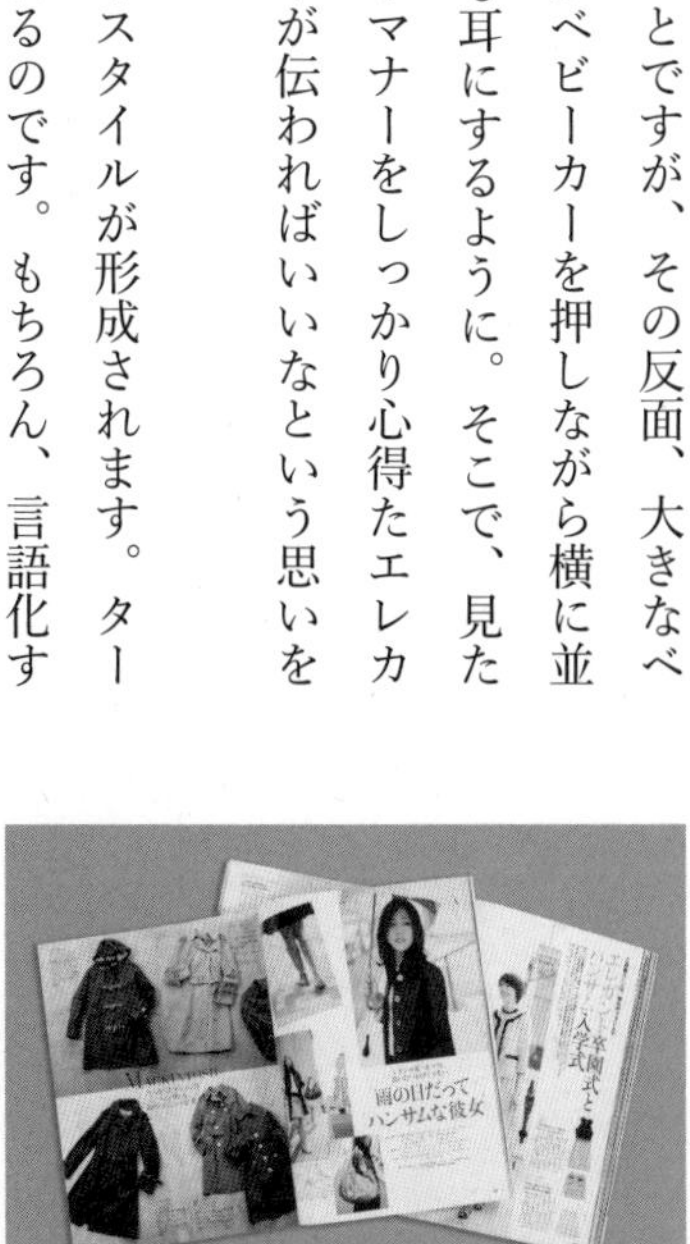

「ハンサム」も様々なシーンで登場。

を通じて、そういう気運を察知して言語化していくわけです。

私たちは、編集者だからといって読者より特別にセンスが良かったり、何かに優れているわけでは決してありません。読者がなんとなく、今したいこと、欲しいものを探し当て、それをあるキーワードで言い当てるのが仕事です。〔4〕

光文社がキーワード化が得意だとすれば、それは第一に「読者の求めるものは読者に聞かなきゃわからない」と考えて実践し、その発見を言語化しているからだと思います。それを代々、上司や先輩から教わってきた。私は光文社の雑誌では初めての女性の編集長ですが、以前は女性誌の編集部の大半が男性でした。その頃から「同じ女性だからといって、20代の結婚もしていない編集者に、30代の主婦の気持ちがわかると思うな」と言われ続けていました。自分とは年や性別の違う読者に向けた雑誌でも、読者の声を聞き、ニーズを汲み取ることで支持を得られるんだと思います。〔5〕

「読調」がすべての基本になる

編集者は、自分とは立場も世代も違う読者の感覚が簡単にはわかるわけがない。だから、まずは「外に出て、人に会って、聞きまくる」というのが編集部のネタ

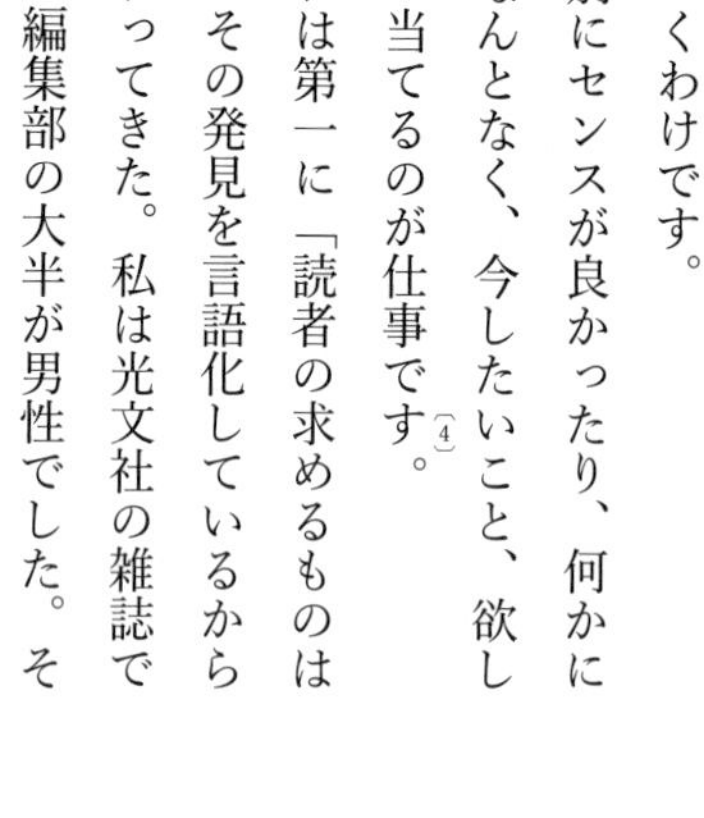

架空のキャラ「沢登エレカ（33歳）」が登場する連載「エレカ様のカートdeマナー講座」。後に「エレカ様の『えしかる』ショッピング」へと続く人気コーナーとなり、エレカ様が愛用するおススメアイテム特集など、連載の枠を飛び出した展開も。

〔4〕僕は広告をつくる側にいる人間ですが、「暗黙知の言語化」というのは、80年代には広告がやっていたことなんです。「カエル（帰る）コール」とか「朝シャン（シャンプー）」とか。それが90年代になると、雑誌が取って代わるようになってきた。名付けるということは市場を生み出す力になるわけです。（嶋）

集めの基本です。

読者のリアルな意見を聞く方法が読者調査。「読調」と私たちが言っているものです。編集部員はみな、自分の担当する企画のために「読調」を行います。アンケートに答えてもらったり、誌面をどう思っているのか率直な意見を聞いたりしながら、読者の方の本音を探っていきます。

集まっていただいた読者の話を聞いていると、必ず発見があります。「どこのブランドの服が好き?」みたいな質問もしますし、そんな話のなかで子育て、お受験、セックスレスの悩みなどリアルな本音が出てきます。「VERY」はファッションだけでなく、ライフスタイル全般を扱う雑誌なので、彼女たちが今、何に悩んでいるかは誌面の編集企画を考える上で参考になるんです。

私たち編集者が思いもよらない読者の欲望が発見されたりするんですよ。たとえば、「自分の誕生日に旦那様に何をしてほしいですか?」という質問に対して、「誕生日には旦那と子どもに家を出て行ってもらいます」と答えた読者の方がいました。家にはいつも誰かがいて、主婦はせっかく建てた素敵な家を独り占めできる時間がないんですね。心地いい空間をつくるために自分の好きなアイテムを飾ったり、カーテンを付け替えたり、地道な努力を重ねているわけですが、そんな大好きな空間を独り占めする時間がない。「都心のホテルに泊まるとか、そん

〔5〕「キーワード」化は、読者に対してだけじゃなく、広告主や広告会社に対しても、企画の内容や気分をわかりやすく伝えることができるツールとして機能します。「VERY」のメッセージがまずきちんとあり、それが言語化されていることで、広告主も興味を持ってくれます。言葉になっていると、共通認識が伝わるのがすごく早い。世代が違う人にも一遍で伝わる「わかりやすさ」は、広告獲得の意味で、武器としてあったほうがいいんです。(今尾)

なのちっとも嬉しくない。私の大好きな空間である家で過ごせるほうが贅沢。うちの旦那はそれを理解してくれているので、誕生日には自分一人の時間をもらうようにしています」という声を聞いて、すごく面白いなと思いました。

私たちが気づかない「半歩先のニーズ」が読み取れるんです。この話を聞いた私は、「パパと息子でいってらっしゃい1泊ツアー」とか、「誕生日には自宅で出張サロン」とか、「おひとりさまの日の内緒ビデオ」など、あれこれ企画の妄想を働かせていくわけです。

主婦ライターという戦力

「VERY」の大きな戦力として、フリーの「主婦ライター」という存在があります。光文社の雑誌は代々、読者ターゲットでもある人たちをスタッフに取り入れるというやり方でつくられてきました。

彼女たちは実際に主婦であり、ママであり、リアルな読者でもあります。都内だけでなく、関東近郊や、地方の都市部に住む方も含めて、20～30人くらい。以前、編集者として働いていた人が結婚して専業主婦になり、子どもが幼稚園や小学校に入ったタイミングで「また働きたい」といって戻ってきてくれるケースも多いんです。そういう方たちを面接して、ライターとして一緒に働いてもらっています。「VERY」の読者が憧れるようなファッションセンスやライフスタイルを持っていて、なおかつ雑誌的な好奇心や基本的な編集スキルがある人たち。スタッフであると同時に彼女たちは「VERY」のトップ読者でもあるのです。

彼女たちはやっぱり目の付けどころが良くて、言うことが面白い。現実に読者に近いライフスタイルを送っている人たちですから、言葉にもリアリティがある。自分たちが企画に迷ったときは、編集部員同士であれこれ悩むよりも、彼女たちに聞くことが多いですね。すると、すぐにママ友にリサーチしてくれたり、すごく早いレスポンスがあります。

彼女たちが何気なく使っている言葉がそのままタイトルになってしまうこともあります。以前、「30代の新スタンダード」というタイトルで進めていた企画がありました。「買って失敗した」というものもあるけれど、「これは買って正解だった」という定番アイテムを紹介する企画でした。すると、主婦ライターの一人が「これって『これがないと生きていけない！』みたいな意味ですか？　そういうことだったらわかります……」と発言。それを聞いて、タイトルはそれだ！　みたいに。

「これがないと、生きていけない！〜オシャレ編〜」という企画は読者にもすごくウケて、この号はかなり売れました。更にその後も「ビューティー編」など

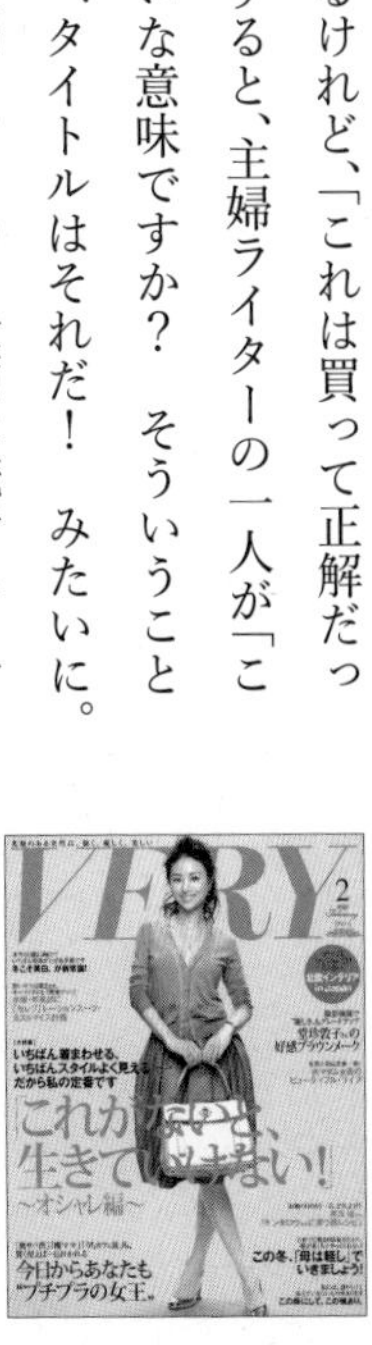

2009年2月号　特集「これがないと、生きていけない〜オシャレ編〜」

アイテムを変えて継続する企画になったんです。

読者モデルの提案力

読者モデルがたくさん登場することも、「ＶＥＲＹ」の特徴の一つです。これも理由は読者のリアルが伝わるから。会ってみて、話してみて「この人には新しいことを切り拓くセンスがある」と感じたら、何度も取材して誌面に登場してもらいます。

主婦ライターの知り合いだったり、駅でも公園でも「この人センスいい！」と思った人には声をかけます。今、誌面で大人気の読者モデルは、うちのスタッフが広尾の有栖川公園近くをロケバスで通ったとき、坂をすごく素敵な女性が下りて来たので「車、停めて！」といって、走って声をかけました。

こうした読者モデルは、リアルであるからこそ読者にとって影響力があります。一流ブランドさんからも「タイアップ広告のモデルに使いたい」というふうに指名されたりもします。モデル事務所からは「うちに所属させたい」というお誘いをいただくことも。でも、ご本人とも相談してお断りするケースが多いんです。事務所に所属してしまうと、当然事務所側のプロデュースが発生するので、「こ

「VERY」がリアリティを持つために

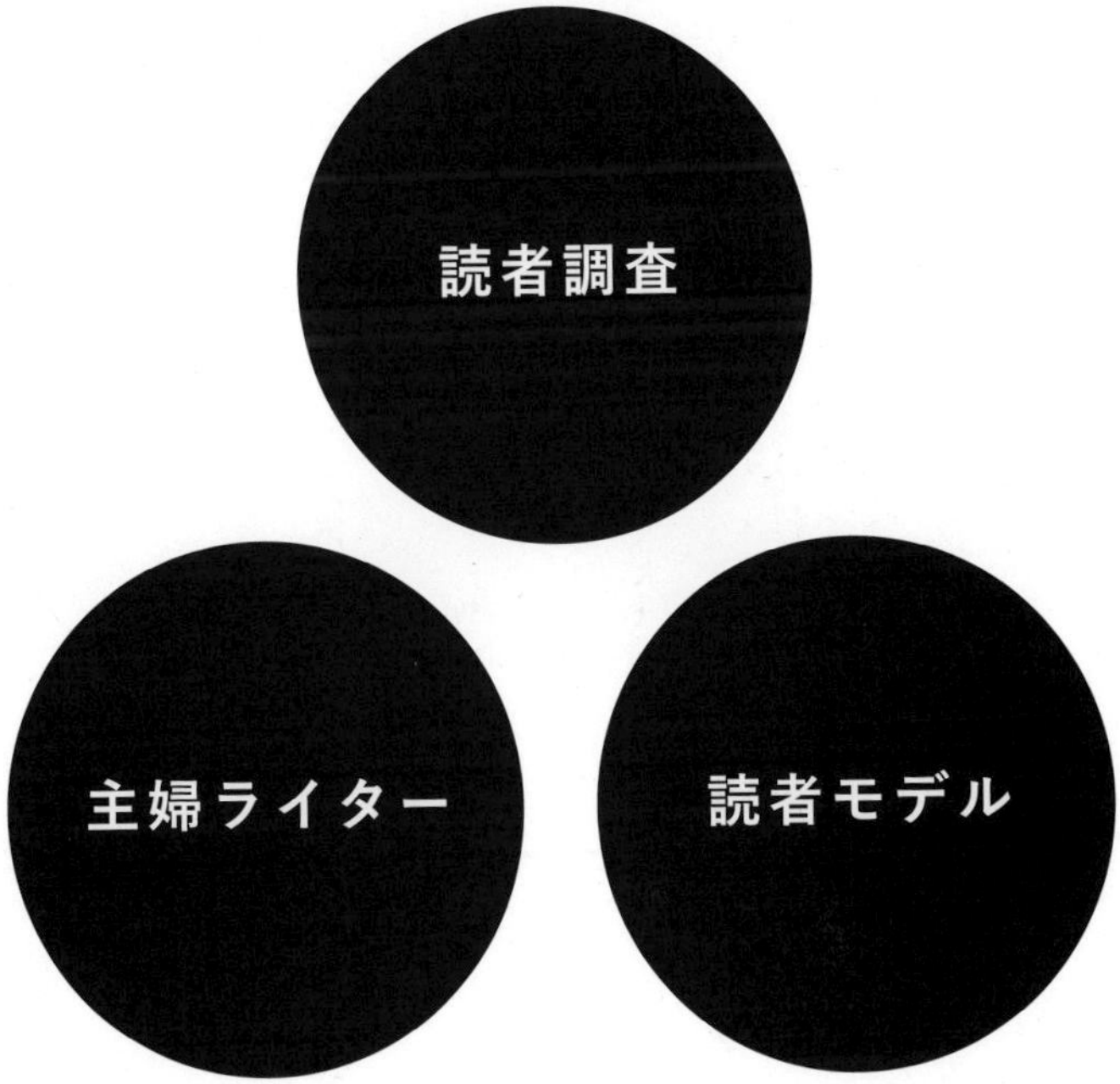

れはできる、これはできない」という条件が多くなってしまうんですよ。「VERY」の読者モデルの価値ってそういうふうにつくられたものではなくて、実生活のなかで読者が憧れるスタイルを体現しているところにあるんです。ですから、読者モデル本人が今何を考えているのかが、すごく大事なんです。

編集部としては、読者モデルは「既に決まった企画に合う人を探す」のではなく、「新しい企画をつくれそう」という存在の人なんです。

「読者のための企画」だからこそ広告が付く

こうして読者のリアルを具現化する誌面づくりに成功すると、「リアリティのある提案力があるから、そのライフスタイルをターゲットに広告を入れたい」「そのターゲットに向けて一緒に商品を開発したい」と思ってくれる企業が現れます。これはすごくいいサイクルになっていますね。

ヒットする企画にはクライアントも興味を持ってくれます。たとえば、「イケダン」の連載に、メンズ用化粧品の広告が付きました。そういう広告は男性誌に入れるのももちろん手ですが、旦那さんの日用品を購入するのは結局主婦たち。なかでも、「VERY」の読者は「旦那さんのサポートができてこそ」という気持ちが強い。だから、メーカーさんもそこに注目して広告を入れてくださった。

私たちもある程度はそういうことを想定して、「イケダン」の連載を立ち上げるときに、連載の対向ページに男性化粧品の広告を……というアプローチを化粧品メーカーにかけたこともありました。でも、企画の立ち上げと同時に広告が入るわけではありません。そのときにもし「企画の趣旨をこう変えたら広告が入りやすくなるかも」と、企画内容を修正していたら、企画の趣旨がぶれてしまって、結果として読者にウケないものになってしまう。それをせずに、読者のニーズを念頭にページをつくるスタンスを曲げないからこそ、そういう姿勢を広告主も評価してくれて、結果として広告がついてくるというのが「ＶＥＲＹ」のやり方です。

私たちの強みはやはり、企業がなかなか気付かないような、読者のリアルなニーズを掘り出せることだと思います。それは、「読調」や読者モデルとの会話を通じて常に大量の情報を得ているから。

たとえば、「ママが子どもの幼稚園入園前に準備するアイテム」という特集をしたことがありました。そのとき、読者からほしいと声が上がったのが「ヒール付きスリッパ」や「おしゃれなＩＤカードケース」。幼稚園に行くと靴を脱いでスリッパに履き替えますが、スリッパになってもスタイルよく見せたい。そんなニーズがあったんです。

２０１０年４月号掲載「入園準備のママ小物、揃えたいものランキング」。先輩ママたちに聞いた、「ちょっとの差でセンスの良さが光るアイテム」をランキング形式で紹介。

入園時にもらうＩＤカードを持ち運ぶにもおしゃれなケースが必要だという声も。そこでＯＬが会社で持つようなＩＤカードケースを調べて誌面に掲載したら、普段「ＶＥＲＹ」が取り上げるブランドとは違う年齢層のブランドだったんですが、メーカーさんにものすごい問い合わせがきたそうで、商品も予約待ちの状態になりました。

メーカーさん側は、きっとそういうケースの使われ方は想定していなかったと思うんです。事実、「我々の商品が主婦の方にこんなに必要とされていたなんて！」とびっくりされていました。

こうしたニーズは、メーカーさん側が仕掛ける流行とは違いますよね。私たちは読者からの情報のサンプリングにより、新しいニーズを誌面で紹介していくんです。日常の何気ないシーンを、消費の瞬間——市場に変えていくと言っていいかもしれません。

数年前から主婦の間でレインブーツが流行っていますが、これも、雨の日の幼稚園の送り迎えをどう乗り切るかという読者にとって非常に重要なニーズから生まれたヒット商品。レインブーツを普通のファッションとどう組み合わせるか、といった提案を誌面でするわけですが、モード誌にはそういう提案はありませんよね。

「VERY」の広告の法則

多くの読者の **ニーズを汲み取る**	**＝**	メーカーが気付かない **ニーズの発見**

「まるごと一冊　おうちＶＥＲＹ」も、クライアントから評価された特集でした。ポイントは「30代にとって家は『社交場』だからこそ！」というコピー。この数年、不景気で「おこもり志向」から、「おうちでカフェのように……」という企画や発想は他誌でもよく見られました。それが「ＶＥＲＹ」だと、もっと前向きに「おうち」を解釈。やっぱりママはママ友みんなが集まってくれるような素敵な家に憧れるんです。人の集まる家の工夫や、そのときの「おうちファッション」を展開しました。

「家は社交場」という言葉は読者にすごく響いて、実売部数も上がりました。クライアントからは「こういう提案には、是非一緒に参加したい」という声をいただき、飲料メーカーさんとタイアップにつながりました。こうして読者のリアルをとことん拾って誌面にしていくからこそ、広告主にとって「ＶＥＲＹ」が価値ある媒体になっているわけです。

誌面を飛び出した展開

今、「ＶＥＲＹ」では広告以外の新しい収入源にもチャレンジをしています。読者のニーズを的確につかんでいるということは、雑誌のなかだけにとどまらず、

2009年12月号　特集「まるごと一冊　おうちＶＥＲＹ」

市場をクライアントと一緒につくるチャンスを持っているといえます。

たとえば、あるアパレルメーカーさんと組んで、オリジナルブランドの開発をしています。これまでの「VERY」をすごく読み込んでくれていて、共感して声をかけてくださったのがきっかけ。読者のためにいいものが提供できるのであれば、是非一緒にやらせてもらおうと思いました。それから年に4回、共同開発で洋服をつくり、ネット通販を開始しました。これは大きな反響があって、毎回約5千万円程度の売り上げを記録。もちろん、それはメーカーさんの売り上げで、私たちは誌面の掲載料と編集協力費をいただいたり、一部ロイヤリティーをいただきます。

更に、伊勢丹がこのブランドに注目して「店舗で販売したい」と声をかけてくださった。私たちとしては、たとえ新宿店に通えるのが都心の限られた読者だけだったとしても、リアルな店舗で洋服に触れてもらえることに価値があると思いました。それに、読者にとって「VERY」と「伊勢丹」という信頼がダブルで付けば、このオリジナルブランドに対して更なる安心感も出てきますよね。

こうして、伊勢丹新宿店で2週間の期間限定販売を行いました。読者のニーズをベースに商品開発ができる私たちの強みを、改めて自分たちも感じることができました。私たちは毎月毎月たくさんの読者の声を聞いています。彼女たちの気

2009年6月に「VERY」創刊15周年記念として「限定VERYショップ@伊勢丹新宿店」を開催。限定コラボアイテムも登場した。

持ちがどの方向を向いているか、リアルタイムでわかります。それはメーカーさんが私たちと組む強みだと思うんです。

主婦の日常って、派手なパーティーが毎日あるわけではないし、本当に「生活を楽しむ」ってことがポイントなんです。「VERY」の読者はそれに長けている人たち。2〜3年前であれば誌面で「主婦」と打ち出すことを、なんとなくネガティブなイメージでクライアントにとらえられることがありました。でも「主婦」は「主婦」だし、それ以外の何者でもありません。そこを曖昧にオブラートにつつむのはおかしいし、「VERY」はがんばっている主婦を褒め称える存在でありたいと思います。大げさに言うと、世の中を変える力を持ったお母さんを元気付け、応援していきたい。と、同時に多様な選択肢を提案していくことも、「VERY」の使命だと思っています。誌面でいろんなキーワードを開発して生まれた現象も、楽しくとらえてもらえると嬉しい。

読者の気持ちも、時代によって変わっていくものです。今、「VERY」の誌面にはよく旦那さんと子どもが一緒にいるシチュエーションが多く登場します。これも少し前なら、「雑誌を読むときくらい、家族のこと、日常の生活を忘れたい」という気持ちの読者が多かったので、子どもと一緒の写真はほとんど採用しませ

「VERYweb」も読者のニーズを拾って展開。レストランサーチ「ヴェリぐる」では、「お集まりで子ども&ママ友と」「夫婦デートでご主人と」「こだわりの味を義理ママと」など、「VERY」読者が出会いそうなシーンで使える店を検索できる。他に、誌面で問い合わせが多かったアイテムを紹介する「(この号は)これに殺到!」や、年2回の定期付録・別冊「ちびVERY」に掲載された商品が通販できる「VERY MARKET」コーナーも。

んでした。でも今は、「家族単位でおしゃれなほうが素敵」と意識される方が増えてきたので、そのニーズを体現した誌面を編集しています。

私たちはいつも読者から離れることなく、リアルなニーズを汲み取り続けていかなくてはいけません。そうすることで読者の日常をハッピーにする提案力を持つ媒体をつくっていけると信じています。

マガジンハウス「ブルータス」編集長

西田善太

「ブルータス」が「ブルータス」であるために

1963年生まれ。1987年早稲田大学卒業。博報堂入社後、コピーライター職として、自動車、酒類、電機メーカーなどを担当する。1991年にマガジンハウス入社。「ブルータス」編集部を経て、「ギンザ」「カーサ ブルータス」創刊に関わり、「カーサ ブルータス」では「安藤忠雄×旅」「住宅案内」シリーズなどを生み出す。2007年「ブルータス」編集長就任後の主な特集に、「居住空間学」「YouTube」「美しい言葉」「なにしろラジオ好きなもので。」など。

雑誌のブランディング

「ブルータス」[1] という雑誌は特集するテーマの幅が広いと言われるんですが、それでもいつもどれもが「ブルータス」らしいものに仕上がっています。

その「ブルータス」の特集には、自分たちで分けるとすれば3種類あって、「売るためのブルータス」「広告を取るためのブルータス」「色を出すためのブルータス」。この3つのグラデーションで特集を組んでいってるんです。

どういうことかというと、「売るためのブルータス」というのはもう売れ行きがある程度見込める特集。お取り寄せ特集とか猫特集なんかがそうです。「広告を取るためのブルータス」、これはファッション特集など、広告タイアップが付きやすい特集。[2] そして「色を出すためのブルータス」、これはけっこう新しいことにチャレンジする特集。そんなにたくさん売れないかもしれないけれど、「あの号は面白かったね。今まで誰もやらなかったことだね」と言われて、長く愛される号です。ラジオ特集「なにしろラジオ好きなもので。」や仏像特集がこれにあたります。単純に雑誌の売れ行きだけ考えたら、「売るためのブルータス」ばっかりつくればいいと思われるかもしれないんだけど、そうじゃない。結果的には、どちらもすごく売れましたが。

〔1〕「BRUTUS（ブルータス）」（マガジンハウス・刊）。毎月1日・15日発売の情報誌。１９８０年創刊。発行部数10万部。定価５５０円。（２０１０年8月時点）

〔2〕雑誌の収入は販売収入だけではなく、広告収入がとても大きいんです。広告が入ることで雑誌は維持できる、雑誌の血液みたいなものです。だから大型広告主が「ブルータスに載りたい」と言ってくれれば、「じゃあそれに合った企画に変えましょう」と検討します。ただし、特集そのものを、広告主の商品の特集にするということはあり得ません。絡みのある内容で、でも面白いコンテンツにするんです。そのかわり、ブックインブックなどのかたちで、広告主の直接的なタイアップが入ったりします。テレビ番組も似た構造で、調味料のメーカーは料理番組のスポンサーになったりしますね。だから広告によってコンテンツが変わるのは不自然なことではなく、むしろそれをうまくやるのも「ブルータス」の得意なことだと思います。（西田）

西田が考える3つのブルータス

「広告の入る」
ブルータス

「売るための」
ブルータス

「色を出す」
ブルータス

「ブルータス」の読者のうち、毎号必ず買ってくれるコア層はおそらく約4〜5万人。その周りに、「特集によっては買う」という層が7〜8万人。ドーナツ状に、外側の読者層になるほど、パイは広がります。「売るためのブルータス」というのは、その外側の読者が引っかかってくれる特集なんです。

でも、毎号「売れ線」ばっかりやっていると、「ブルータス」の根幹を支えているコアの読者層が逃げちゃうと思うんですね。「ああ、ブルータスは変わっちゃったな」とか「売るためになりふり構わないんだな」と思われてしまったら悔しいし、コアのファンをがっかりさせてはいけないですよね。だから、「色を出すためのブルータス」はすごく大切なんです。つまり「ブルータス」というブランドをつくるために必要ということ。「ブルータス」がどんな雑誌であるかを体現する号です。

ネタは簡単、切り口が勝負

どんな特集をやっても「ブルータス」は「ブルータス」らしい、と言いました。「ブルータス」は企画の枠が広い雑誌だから、言ってしまえばどんな企画でもできるんです。だけどそれをどんな切り口でやるか、それが大事なんです。「ネタがこんなにたくさんあります」っていうことはそれほど重要じゃなくて、それをどんな本にまとめるのか。まとめる枠をどういうものにするのか。

たとえば、読売ジャイアンツを特集した「全国民に捧げる読売巨人軍特集。」の号。これは企画はあったものの、「特集になるかならないか。どうかなあ」という気分で、2ヶ月くらい寝かせてあったんです。そのうちそこに「全国民に捧げる読売巨人軍特集。」というタイトルが出てきて、その時点で「やろう!」となった。だから、タイトル先行型の企画です。「全国民に捧げる」というタイトルが出たことで、他の雑誌ではなく「ブルータス」がやる意味がある、「ブルータス」で成り立つ特集の枠が見えてきたんですね。プロ野球業界が人気低迷で弱ってるし、世の中の景気も弱ってるなかで、「ジャイアンツが勝ったら、日本の景気が良くなるよ」というのがこの特集の裏テーマです。だから、「巨人ファンに」じゃなくて「全国民に捧げる」なんです。もうそのテーマは、担当編集者で共有して、壁に貼ってありました。その言葉で内容を引っぱるためにね。どういう意味でこの特集をつくっているのか、その言葉で自分たちが常に確認できる。「『全国民に捧げる読売巨人軍特集。』――絶対こうなるようにつくろうね」と。

ジャイアンツほどの大物を相手にするときは特に、「なんでこの特集をやるのか?」という部分を自分で納得していないとできないです。「巨人ファンじゃな

No.666(2009年7/15号)特集「全国民に捧げる読売巨人軍特集。」「年齢や肩書きを越えて愛される。『読売巨人軍』は日本の共通言語です。」というコンセプトのもと、ジャイアンツを徹底解剖した一冊。長嶋茂雄、王貞治、渡辺恒雄各氏の独占インタビューのほか、150人近いOBアンケートや東京ドームを特集したブックインブックも。

くて全国民なんだ」って枠を決めたときに、「ブルータスでやれる」と思った。

　その切り口がはっきり決まった時点でおのずと、どこを取材するべきかとか、インタビューの立ち位置が決まってきます。企画が回り出すんです。「全国民が元気になればいいから、長嶋のインタビューは絶対」など。ちなみにこの号は、「長嶋、王、ナベツネのインタビューが必ずとれること」ということを事前に確認してから始めました。この特集をつくるにあたっての保険のようなものですね。ジャイアンツ嫌いな人はいるけど、長嶋嫌いな人はいないじゃないですか。渡辺恒雄さんには、聞きたいことがいっぱいありますよね。スポーツ雑誌でも取材できなかった面白いことをいっぱい喋ってくれましたよ。「みんなを元気にする」という立ち位置のもとで、そういう、読み物として楽しめる仕掛けはつくっておかないといけない。

　必ずインタビューさせるという条件は、僕がプレゼンしに行ってジャイアンツ側も全部納得してくれました。王さんのインタビューは本当にいい記事で、インタビューの最後、話を聞いている編集部員が感動して「がんばります！」って言っちゃって、王さんに「うん。がんばって」と言われてる。読むと空気が伝わるような、「これだよね」といういいモーメントがありました。

　他にも一軍二軍全選手と全職員の集合写真を篠山紀信さんに撮ってもらったり、

「全国民に捧げる読売巨人軍特集。」に掲載された、読売新聞グループ本社代表取締役会長・渡辺恒雄氏インタビュー。作家の重松清氏がインタビュアーとして迫った。撮影は、ホンマタカシ氏。

ジャイアンツマークの立体的な刺しゅうを表紙にして目を引いたり、いろんなことをしました。それも全部、「ブルータス」らしい枠があってつくられていく内容。「ブルータス」にしかできない面白い一冊になりました。

　他にはたとえば、ファッション特集「LIFE, FASHION, LIFE.」の号なら、「読めるファッション号」という切り口。ただの写真カタログみたいなものではなく、読んで面白いということに重点を置きました。写真特集「写真がどんどん上手くなる。」なら、いろんな写真家が、自分が撮影するときのルール設定を説明してくれている。でも実は写真の技術だけじゃなくて、人との向き合い方を問う、人生についての本にもなっているんです。読んでいて「写真特集なのに、こんなに面白くていいのか？」っていうくらい。

　仏像特集「仏像」。仏像好きの人って2種類いると思うんです。仏像それぞれのキャラクターが好きな「キャラ萌え」の人と、仏像を取り巻く歴史物語、スペクタクルが面白いという人。その両方が買いたいと思える仕組みになっています。この仏像特集はすごく売れました。東京国立博物館で始まった「国宝　阿修羅展」と同時期の発売で「ブームに乗った」とメディアに書かれたりしたけど、これは「阿修羅展をやるから特集してほしい」と主催者側からのアプローチもあって始まった企画なんです。そうやって企画を持ち込んでいただけるくらい、「ブルータス」

No.659（2009年4／1号）
特集「STYLEBOOK 2009 S/S　LIFE, FASHION, LIFE.」

No.664（2009年6／15号）
特集「写真がどんどん上手くなる。」

はアート特集の積み重ねをやってこれたんだなと感じました。このときは、付録で「仏像カード」をつけました。これ、「やりたかったのに！」なんて言う他社の人たちもいたけれど、企画なんて思い付くのは誰でも思い付くんです。それをかたちにすることが大変なことなんですよ。寺社に対する写真使用の許可取りというのは本当に大変なシステムなんですが、そこをなんとか乗り越えて、読者のためにつくりました。

こうしていつも、切り口で勝負することで、どんなテーマでも「ブルータス」らしい「ブルータス」ができてきたんです。

少人数でストーリーをつくる

いろんな雑誌ごとにそれぞれつくり方のスタイルは違うと思いますが、「ブルータス」の場合おそらく、ごく一般的な雑誌の編集部とはちょっと違うスタッフィングでつくっています。

一般的な雑誌の編集部は、編集長がいて、その下に副編集長が2〜3人くらいいて、そしてキャップ（デスク）と現場が2〜3チームという形態が多いと思います。月2回発行の場合、3班あれば1班が1日発売担当。もう1班が15日発売

No.660（2009年4／15号）
特集「仏像」

特別付録の仏像カード「ブツゾウJAPAN」。いつかは参拝したい、日本を代表する32の仏像とその解説付き。

担当。もう1班は定例班といって、グラビアや連載など、特集とは流れの違うものを担当する。キャップが責任者で、副編集長がチェックで、編集長は大枠企画や再刷の決定をする。これがいわゆるクラシカルな編集スタイルです。このメリットは、ルーティンワークにできるので、スケジュールや予算が立てやすいことです。「ブルータス」の場合は、僕が編集長で、その下に副編集長が3人。その下の現場スタッフは班分けせずに、8人います。その周囲に10人くらい、フリーランスのスタッフもいます。で、副編集長と現場スタッフ1人か2人というチームで、1号をつくります。僕と編集部員が組んでつくる場合もあります。

2人か3人のチームが基本になるこのスタイルだと、一冊に3〜4ヶ月かけてつくることができます。もちろん何号か同時進行で進めつつですが。先述のルーティンスタイルだと、仕込み、取材、仕上げ、合わせて1ヶ月でつくらなくちゃならないですよね。それよりも時間をかけられるんです。そして、「ブルータス」は切り口が勝負の特集主義なので、この少人数のスタイルが合っているんですね。僕らのような特集主義だと、単にそのテーマにまつわるネタを集めて一冊にするというのではつまらないんです。いろんなネタをただ並べるんじゃなくて、一つのテーマを掘り下げたい。一冊を通して、ストーリーをつくりたいわけです。前段があって、中段があって、ちょっと落とすような展開があって、最後に結論、

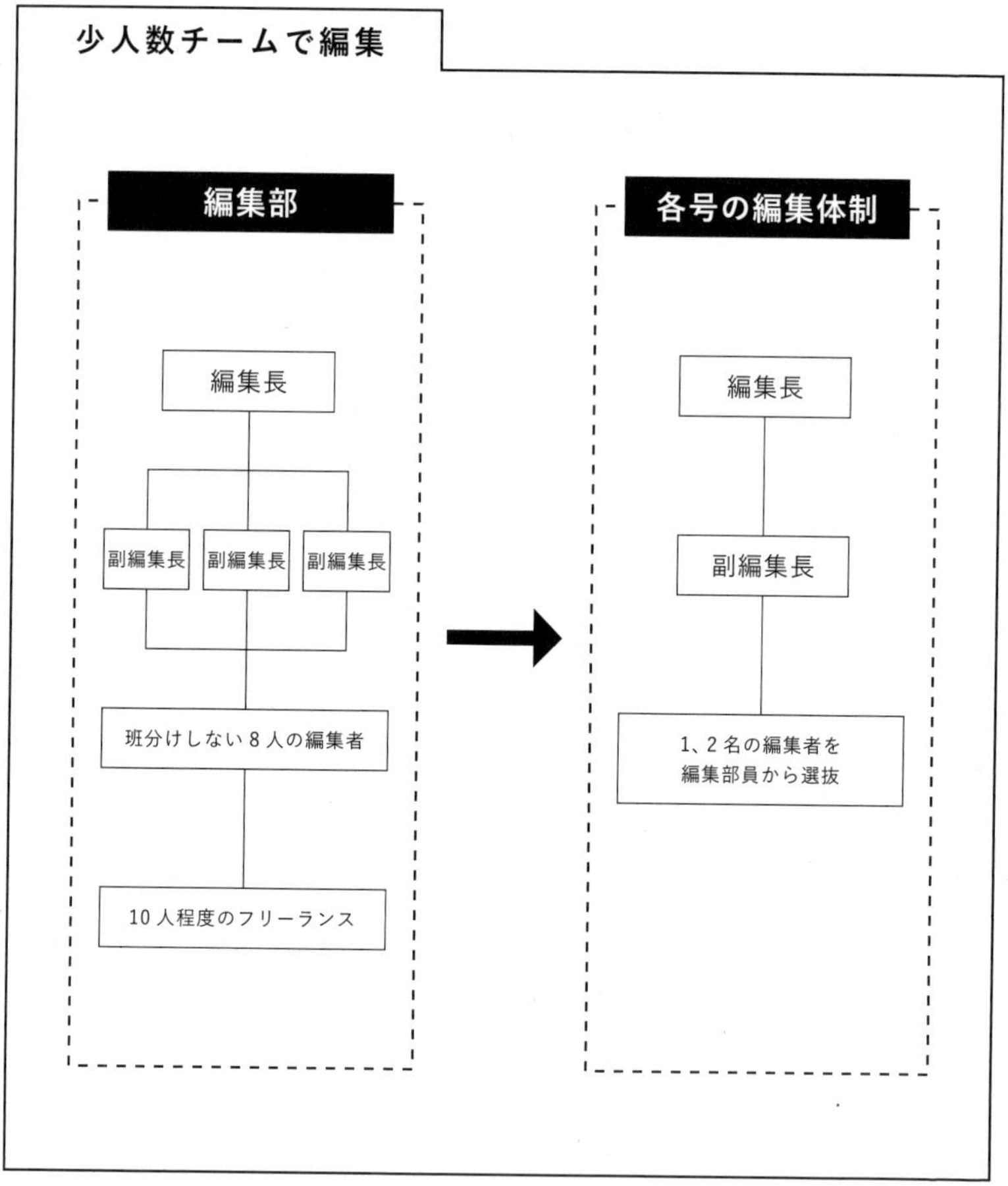
少人数チームで編集
編集部
編集長
副編集長
副編集長
副編集長
班分けしない8人の編集者
10人程度のフリーランス
各号の編集体制
編集長
副編集長
1、2名の編集者を
編集部員から選抜

みたいな、ストーリーです。そのストーリーの起承転結、つまり特集の流れは、メンバー全員で相談しながら共有してつくっていかないと、実現できないんですね。だから、少人数制が合っている。「3人だと多い」という意見もあるくらいです。「3人だといつでも話せないし、なかなか3人揃わないから面倒。2人のほうがつくりやすい」と。そのくらい、独特の醍醐味があるシステムですね。

巻頭のステイトメントと巻末のステイトメントがあり、ストーリーがあり、という「ブルータス」らしい型がある。そのストーリーは、常に世の中の興味の「ちょっと先」を設定しています。広告クライアントにはよく、「ブルータスは、世の中の、今の興味の行き先を知っている」と説明しています。たまに、売れない号をつくってそのテーマが2年後とかに流行ったりすると、「やるのが早過ぎた」なんて言ったりする編集者がいますけど、僕は「それじゃ負けじゃん」と昔から思っている。「だから何?」と。雑誌の編集は、常に「ちょっと先」を一生懸命見つけることだと思うんです。「ブルータス」では、興味の「ちょっと先」を行くストーリーをつくり続けていきたいわけです。

西田的「ブルータス」編集キーワード

少人数体制

ちょっと先

すべてを過剰に

すべてを過剰にやる

仕事に関して言えば基本的に、何もかもオーバーアチーブでやらないとダメです。目標より4割増しくらいに働かないと、人もついてこないし、いいものもできない。過剰にやるくらいの勢いでやる。これはいつも思ってることです。

幸い、「ブルータス」編集部のみんなもそれを共有してくれている。みんなちょっと真面目で、オーバーアチーブですね。こうだって決めたら必ずやるし、何か合わないことがあっても「それならこう」とやり返してくる度量もあるし、それはすごくいいと思っています。

企画を進めてるときも、たとえばさきほどのジャイアンツ特集なら「全員集合写真を篠山紀信さんで撮ろう」とか、「東京ドームのオーロラハイビジョンにブルータスの特集タイトルが映るようにしよう」とか、どんどん思いついちゃうんですよね。このときは、先に篠山さんに頼んでからジャイアンツにプレゼンに行きましたからね。こうしてオーバーアチーブなくらいに動いて、実現していく。

ヘミングウェイの「老人と海」という小説があります。老漁師がマカジキ漁に出て、がんばって戦ってマカジキを捕る。でも港に戻ってくるまでにサメに食べられてしまい、マカジキは骨だけになってしまう。だけど、老人は満足げに明日

撮影が行われたのはWBC（ワールド・ベースボール・クラシック）で日本チームが優勝し、凱旋帰国した翌日だったが、原辰徳監督はじめコーチ陣、一軍・二軍選手、職員、怪我をしている選手まで、270名近くがこの撮影のために集まった。撮影の篠山紀信氏のためにイントレ（足場）が高く組み上げられ、関係者全員が長時間の撮影に協力して完成した、まさにオーバーアチーブな1枚。

もまた漁に出るだろう――というような話。この「老人と海」のサンチャゴじいさんのように、どうなるかわからないとわかっていても、獲物のマカジキを港に持ち帰ろうとする「仕事」への意志を理想としているんです。

「特集テーマは何でもあり」みたいに言いましたが、割って考えてみると、どれもそう珍しくないテーマです。コーヒー特集とか猫特集とか大学特集とか、誰でも企画書を書こうと思えば書けるテーマばかり。でもこれは自信を持って言えるんですが、そのテーマで、中身がどんなに違うか。どのテーマも「どれだけ調べてるんだ」っていうくらい、調べに調べてるんですよ。

　今はいろんなことがやり尽くされて「ネタがない時代」と言われているけれど、そうやってオーバーアチーブで雑誌をつくってると、ネタは掘ればまだいくらでも出てくるんです。コーヒー特集をつくったとき、「スペシャリティコーヒー」なんてまだ誰も知らなかった。でも調べてそのネタを拾ってくるスタッフがいるんです。「えーっ、こんな考え方があるんだ」なんて言って。そうやって、ネタはいまだに尽きないから、やることはまだたくさんあります。それがみんなの興味に合っているかどうかは、風を見る勘どころ。ずれてきちゃうかもしれないから、そこは注意しつつやっています。

「猫」とか「お取り寄せ」とか、鉄板の売れるテーマでもつくりつつ、「ラジオ」

No.612（2007年4／1号）特集「決定版！　おいしいコーヒーの教科書」

とか「YouTube」とか、新しい色を出すためのテーマでもつくりつつ。それを、オーバーアチーブのチームでどんどん調べて、ストーリーをつくっていく。そうしてストーリーをつくりページを編んでいくなかで、テーマ自身も新しい展開を始めたり、マスコミに取り上げられたり……という周囲の反応もあって、勝手にどんどんいろんな追い風ができていくという感じです。

「ブルータス」の前に僕は「カーサ ブルータス」〔3〕の編集部にいて、そこで建築やいろんなことを学んできました。「ブルータス」に移ってから毎年決めてつくっているインテリア特集「居住空間学」は、「カーサ ブルータス」で培った知識を駆使した人気シリーズで、発売後たった3日で増刷検討に入るくらいの勢いで売れ行きを伸ばした号です〔4〕。

「カーサ ブルータス」にいた後半の時期、正直、僕はもう外に出たくてしょうがなかったところがあったんですね。それは、僕にとってはどんな企画を持ってきても「先が見える」ほど、つくり慣れたジャンルになってしまったから。自分がつくるならば、もうだいたい仕上がりの絵も見えるし、他の雑誌にも負けない自信があったんです。まあ、本当に勝てるかどうかは別として、そうしてつくれちゃう、できちゃう感じというのは、僕にとってももう限界な感じなんですね。

だから「ブルータス」がそうならないといいな、と思う。「このテーマね。じゃ

〔3〕「CASA BRUTUS（カーサ ブルータス）」（マガジンハウス・刊）。毎月10日発売の建築・インテリアを中心とした情報誌。2000年創刊。発行部数7万部。定価880円。（2010年9月時点）

No.685（2010年5／15号）特集「居住空間学2010」3年分を一冊とした「合本・居住空間学」ムックも発売されている。

〔4〕増刷検討というのは、書店からの注文が殺到している状態のときに、増刷をかけるかどうか社内で検討することです。でも基本的に、増刷というのはリスクが高いんですね。最初に刷った部数よりも少ない部数を刷るわけなので、一冊あたりにかかる制作原価が高くなってしまうから。原価率と返本率を考えて、増刷するかどうかの検討をし、判断します。ちなみにこのときは、市場の枯渇感を煽りたかったので増刷しませんでした。（西田）

あこのスタッフで、こういう上がりね」ってつくる前から見えるようになってしまったら、もう壊すなり変わるなりしていかないとしょうがないです。でも今まだ、雑誌ができあがるまで、僕もスタッフみんなもドキドキしながらつくっているから、すごくいいいと思ってるんです。

編集長としてのディレクション

さきほど言ったように、僕たちの周りには、太陽系の惑星みたいに信頼できるスタッフたちがいて、一緒に「ブルータス」をつくることができています。編集部がいて、フリーランスのスタッフがいて。周囲にはクリエイティブの人たちがいて。

「ブルータス」って、編集部だけじゃなくて、周囲にふわふわといろんな人脈があるんです。デザイナーやクリエイティブディレクターや、ものをつくっている人たちが僕の周りにはたくさんいる。普段から知り合いで、他の場所で活躍している人たち。声をかければ、彼らも一緒に動いてくれます。

フリーランスのライターや編集者たちもつながっています。常に編集部のそばで動いてくれているフリーランスたちがいるし、その他にも専門分野に詳しいライターや編集者たちがいて、そのときのテーマに合ったものを頼んでいます。たとえば非常に食べ物に詳しかったり、非常に音楽に強かったり。そうして特集に合ったスタッフを集めて、「こういうふうにやりたい。こういうパッケージにしたい」ということを共有してもらい、編集をスタートします。

そして編集部にはもちろん、さっき話した通りのオーバーアチーブなメンバー。たくさんの人たちが周囲にいて、「ブルータス」をつくっているんです。

このスタッフ間で共有する目標や温度感の象徴として、表紙があります。表紙は雑誌の顔ともいえますすし、いろいろ考えたり実験したりしてつくるんですが、いい写真があれば「まず表紙にしておく」ということも多いです。これからつくる特集でも、表紙がもうできているものもあります。表紙を見ると、そしてその表紙がいいと、つくり手であるスタッフのテンションもすごく上がってくるんですよね。「あ、僕らは今、末端でわけのわからない作業をしているような気がしているけど、これになるんだ。これをつくっているんだ」って思えて、テンションが上がるんです。

表紙案のバリエーションは、多いときは6案くらいありますし、「これしかない！」という1案だけのときもあります。取材メインのインテリア特集のときなどは、できてきた写真からいいものを選んで、まず表紙にしておくというやり方

★

〔5〕たとえば、ファッション特集「STYLEBOOK 2009-10 A/W Mr.Gentleman」(No.671 2009年10/1号)では、こんな表紙案が最終候補でした(上図)。「ブルータス」のストーリーと、世の中の「今よりもちょっと先の気分」を一番よく表すのはどれだろう。そう考えて決めます。★が実際に使ったもの。
(西田)

をするときもあります〔5〕。

そんなふうに、周囲のスタッフの気分を上げていきつつ、自分もオーバーアチーブで動きつつ、ディレクションしています。「ブルータスは企画の振れ幅が広い」と言われても、じゃあどんな企画なら振れ幅がないと言われるのか、わからないですね。そんなこと問題じゃない。どんなに振れ幅が広かろうと、切り口・ストーリー・オーバーアチーブで、どれもが「ブルータス」になる。「ブルータス」にしかできないものになるからです。

棺桶に持って行きたいマイベスト特集

①ブルータス「ザ・三谷幸喜アワー　三谷幸喜失踪事件!?」

これはその、切り口とストーリーがすごくオリジナルで秀逸にできた特集。棺桶に入れる号を一冊選べと言われたら、間違いなくこれを選ぶくらい好きな号です。三谷幸喜さんが自分が監督した映画公開の直前に失踪したという設定で、三谷さんの家を捜査して、持っているＤＶＤを全部調べたり、そんなページづくりをしました。すごく凝ってます。三谷さんが失踪したという設定ごと、読者も一緒に楽しめるフィクションになっていて、大人の駆け引きや遊びをたっぷり盛り

No.641（２００８年６／15号）特集「ザ・三谷幸喜アワー　三谷幸喜失踪事件!?」

込んであります。

他社の編集者の方から「若い編集者に夢を与えましたね。雑誌がこれだけできるということを証明してくれました」というお手紙をもらったくらいでした。

②ブルータス「ワンダーフォーゲル主義」

山の特集です。これはとっても美しい本ですね。ファッションディレクターで山好きの副編集長が担当しました。棺桶に2冊入れていいって言われたら、これも入れます。

実はこのコンテンツにも、凝った仕込みがあります。「暮しの手帖」の編集長をされている松浦弥太郎さん[6]に登場してもらっているんですが。僕は彼を口説いて「夏休みをとって、ジョン・ミューア・トレイルを歩いてくれないか」と頼んだんですよ。3月に頼んで、OKをもらった時点で企画を動かして、8ヶ月もかかっている企画です。他誌の編集長に休みをとらせて、1週間もアメリカの山に行かせるというすごい企画。それがこの本のコアにあります。

③カーサ ブルータス「SORI YANAGI A DESIGNER」

日本を代表するプロダクトデザイナー・柳宗理さん[7]の特集です。みんなが日

No.650（2008年11／1号）
特集「ワンダーフォーゲル主義」

（6）松浦弥太郎／1992年古書店「m & co. booksellers」を立ち上げ、2000年に移動書店「m & co.traveling booksellers」、2002年にブックストア「COW BOOKS」をオープン。2006年から「暮しの手帖」誌編集長に。編集、翻訳、文筆などの分野で活動する。

「CASA BRUTUS」2001年2月号
特集「SORI YANAGI A DESIGNER
柳宗理に会いませんか?」

常触れているカトラリーから高速道路の防音壁までデザインしてきた方で、もう90歳を超えてるかな。一冊まるまる彼の特集をやりたいということで、2000年の8月にご本人に会いに行きました。そしたら「私の書いた原稿を全部読んでくれた人としか仕事はせん」と言われて、8月まる1ヶ月かけて、国会図書館に通って柳さんが今までに書いた原稿を全部コピーして読みました。それを2束つくって、1束を柳事務所に行ってどーんと置いて「読みました。ここが面白かったです」と伝え、それで仕事が始まりました。本が出たのは1月でした。

雑誌を面白くするためにも、編集段階では柳さんに見せていないページも当然あります。それを最終日に柳さんに見せに行くと、「西田くん、よくやった。だけど、どうしてもこのページとこのページが我慢できない。特に、表紙を変えて欲しい」と言われた。そのときに僕としての思いをちゃんとぶつけて、「柳さんがプロダクトをつくるんだとしたら、雑誌も一つのプロダクトなんです。柳さんのつくった作品の、作品集のその表紙は、僕らがくるむ包装紙なんです。だからそれに関しては、売るお店である僕たちのやり方に任せてください」と話をしました。柳さんも「わかった」と言ってくれました。それは僕が初めてつかんだ、本物の人とやって分かち合えるという感触でした。とても好きな号です。

〔7〕 柳宗理／1915年生まれ。デザイナー。民藝運動の指導者・柳宗悦の長男として生まれる。東京美術学校で学び、板倉準三建築事務所研究員、戦争召集を経て、1947年から工業デザインの研究に着手。以後、自動車などの工業製品はじめインテリア、テーブルウェア、ステーショナリーといった暮らしに身近な製品のほか、歩道橋や高速道路、札幌オリンピック聖火台など、多岐にわたる分野でデザイン活動を続けている。

編集の可能性

「ブルータス」は、1980年の創刊から30年間ずっと、「編集というものの可能性を切り拓いてきた」という自負がすごくあります。雑誌にできること、編集にできること。それは「これとこれは関係ない」とか「無理だ」と思われていたところを、またいでできてしまうことです。

僕がまだ編集部員だった頃から、「ブルータス」が切り拓いてきた企画はたくさんありました。当時の印象に残っている企画はたとえば、「フランスからガストロノミー（美食家）の専門家を呼んできて、日本のフレンチを食べてもらって忌憚のない意見を書いてもらい、かつ、お店の意見も載せる」。すごく正直に書くので、訴訟を抱えそうになったくらいなんですけど、とても面白い特集でした。それから、ナポリの「ピザ警察」と呼ばれているおじさんたちを呼んできて、「日本のピザは大丈夫か？」と特集したり。これは今だったら普通にあり得る企画かもしれませんが、当時は誰もやれるところはなかった。それを、本当に「ブルータス」は切り拓いてきたんです。

不可能なんてなくて、できないと思われていたことを、自分たちのやり方で編集していくことが面白かった。その境界を越えて実現していくやり方は、今も続けています。

これからの編集がどうなっていくのかを考えたとき、雑誌という枠のなかでやれる面白いことはもう実現してきたから、じゃあウェブに舞台を移してそれをやろうというのがこれからの編集の仕事かもしれない。でもいや、やっぱり敢えて雑誌でやろう、と。まだやっていないことがあるはずだ、と雑誌の新たな可能性を発見していくのかもしれない。

以前、佐藤雅彦さん〔8〕と話しているとき、僕が「スター・ウォーズを中学生に観せても、そんなに感動しないのは何故だろう」と言ったんです。そしたら「刺激というものは、個人ではなく社会で積み重なっていくものなので、今あの映画を観ても、あの映画が生まれた当時とは違う。それは数学の発見と同じようなので、二次方程式が生まれたときと今とでは全然状況が違う。それより先の数式を求めなくてはいけない。そういう意味では、スター・ウォーズ級の刺激はすでにデフォルトのものとしてあるんだ」という話になった。本当にその通りで、そう思うと、これから新しいものをつくっていくのは大変なことですよね。

でも、やっていくうちに絶対何かは現れる。「ああ、このやり方があったんだ」って。それは、オーバーアチーブでやっているなかでつかんでいる実感です。新しい発見をする人材も、これからの編集の現場でも必ず現れる。そう感じています。

〔8〕佐藤雅彦／映像作家、研究者。電通でCMプランナーとして湖池屋「ポリンキー」、トヨタ「カローラII」、NEC「バザールでござ〜る」など数々のヒット作を生み出す。退社後、慶應義塾大学教授、現在、東京藝術大学教授を務める。

編集長は独裁者

小森浩正

東京ニュース通信社　元「テレビブロス」編集長／現「テレビタロウ」編集長

2月10日、東京都生まれ。１９８９年、東京ニュース通信社に入社。「TVガイド」「テレビタロウ」編集部等を経て、１９９４年、「テレビブロス」に配属。２０００年10月から２００５年10月までの5年間、同誌編集長を務め、「真珠夫人特集」「ブロスが選ぶ好きな男・嫌いな男特集」などを作成。現在、「テレビタロウ」編集長。水瓶座のA型。

ありえないテレビ誌

「テレビブロス」について話してください、ということなんですが、私が編集長だったのは数年前までで、今はまったく関係ないんですよ。そういう立場の人間が昔のことを話すのはどうかと思って最初は躊躇しました。皆さんの役に立つかどうかわかりませんが、お話ししてみようと思います。

「テレビブロス」[1]はテレビ情報誌です。表紙には「TV magazine of the future」とあり、これは創刊時の編集長が付けたもので、「未来のテレビ誌」なるものをつくりたいという当時の意気込みが表れています。ですが、私が編集長になった時代にはすでに情報誌という存在自体が「future」どころか「past」になり果ててましたから、このキャッチフレーズは笑っちゃうほど反語的というか、一種のブラックジョークと化していました。もう一つの「ありえないテレビ誌」というキャッチは私の代で付けたものです。

どう「ありえない」のか、一番大きな特性を挙げれば、「どんなことでもできる雑誌である」ということ。発行元の東京ニュース通信社は、「TVガイド」を中心に「テレビタロウ」、「デジタルTVガイド」など、10誌近いテレビ情報誌を出しているんですが、そのなかでも「テレビブロス」は極端に特殊。例を挙げる

（1）「テレビブロス」は東京ニュース通信社発行のテレビ情報誌。隔週刊。価格は通常210円。（2010年8月時点）

と、そうですね……過去にドリフターズの高木ブーさんの特集をしてるんですけど、これはまだ私が副編集長時代に担当したもので、「BORN TO BE A BOO……〜ブー。それは宿命《うまれつき》〜」というタイトルが付いてますね。ページをめくっていくと、「ブーという言葉から連想されるものは何？」というアンケートが載っていたり、「人気アイドルグループのなかでブー的な存在を決めるとしたら誰？」「何もできないのがブーの魅力？」「ところでブーって一体何者？」なんて項目が並んでたりしてますが、まあ、ひどいですよね。自分でもひどいと思います。このときちょうどドリフターズの昔の映画がまとまってDVDになったとか、そんなタイミングだったので、その映画のなかでの高木ブーさんを全部チェックして載せてますね。「ブーのポジション」「その駄目ぶり」とか、リストにして。この特集ではもちろん本物の高木ブーさんにインタビューもさせていただいてるんですけど、それはウクレレのCDの宣伝ということで受けてくださったわけで、おそらくご本人は取材を受けている過程では特集全体がこうなるとは予想もしなかったと思います。インタビュー部分はもちろん掲載前に事務所に送ってチェックしてもらってますが。

　たとえばファッション誌だったらお付き合いしているモデル事務所があるように、テレビ誌も芸能事務所とのお付き合いがあって、記事をつくるときはそこ

17号（1999年8月21日号）
特集「ウクレレの貴公子　高木ブーに大接近！」

に配慮するのが当たり前なんですけど、「テレビブロス」は、こんな感じになんでもアリなんですね。なんでこんなことができるかといえば、まあ、「旅の恥はかき捨て」じゃないですが、「特集はやり捨て」みたいなところがあるというか……。高木ブーさんを一度特集したら、もう一度特集することはまず当分ないわけです。だから多少過激なことをやっても、そしてそれによって関係が悪くなったとしても、別になんの影響もないみたいなところがある。そもそも大手芸能事務所から相手にもされてない。まあ、落書きみたいなものだと思って黙殺してくれてるんじゃないかと思いますが。こういう無鉄砲というか、無謀なつくり方はこの雑誌だからできることであって、どういう雑誌でもできるとは限らない。というか、できない。だからここでこんなことを説明してても、むしろ「真似しないでね」と念押ししたいくらいのものです。

いってみれば、「テレビブロス」は、奇跡的に生まれた「仇花《あだばな》」というか、「こんな雑誌が本当はあってはいけないんだけど、誕生してしまった」みたいなところがあるんですよね。「進化は突然変異から生まれる」といいますが、一種そういう、当時のテレビ誌業界内の刹那的状況から偶然生まれた突然変異的雑誌、という気がします。そういうものってだいたいすぐ消えてしまうものですが、20年以上続いているのは不思議といえば不思議ですね。

「ブロス的」な切り口とは？

他とは違うテレビ誌をつくるという命題の下、編集長としては特集のテーマを毎号次々と決めていかなければならないわけです。

「テレビブロス」は全国配布の隔週刊で、印刷および流通システムの都合上、誌面をつくってから店頭に並ぶまでどうしても1週間かかります。つまり発売の1週間前までにはすべての作業を終えて印刷所に渡さなければならないわけで、1週間あれば世の中の状況はけっこう変わります。「高木ブー特集」などは1週間経ったからといって別に変わらないテーマですが、時事性のあるネタだと、発売時に状況が変わっていたら大恥をかくわけで。だから世間的な状況から遅れをとらないつもりでつくるテーマもあれば、多少時間が経っても全然問題ないテーマもあり、そのバランスは考えていました。[2]

ただ、これがブロスの特集テーマとして成立するかどうか、その基準は何かと聞かれたら、これはもう個人的な感覚によるとしかいえないですね。「面白い！」って思えばなんでもありという前提が、まずある。「なんで高木ブーなの？」って反論されたら何も成立しないわけで。むしろテーマはなんでもよくて、「どういう切り口で取材し、誌面構成するか」という視点が「ブロス的なもの」を生んで

〔2〕梅雨だったらカエル特集、秋だったらキノコ特集みたいな単純な発想から生まれてくるものは、やってもやらなくてもいいテーマだったりします。プロ野球中継の雨傘番組的な感じで、担当編集者には準備だけしておいてもらって、でも何か思いがけない事件とか突発的な流行が起こったら、そっちをやったほうがいいってことで、予定を変えてしまったりすることもありました。そのときにしかやれないことをやるのが当たり前なんだけど、そればかり狙ってると、下手をするとページが空いて真っ白になってしまうから。両方あってバランスがとれていたというのは、そういう意味です。（小森）

いるのかな、と思います。

テレビとはまったく関係ないテーマを取り上げることも多くて、例を挙げれば、「お茶漬け無限大」。お茶漬けの特集ですね。これも、いつやってもいいテーマですけど。この特集をやったのはなんでだっけなあ……。とにかく、ご飯に何か食材をのせてお茶をかけちゃえばお茶漬けになっちゃうじゃないですか。そこに無限の可能性がある、みたいな趣旨だったと思うんですが。「テレビブロス」の読者は、今でいえばニートとか、独身者とか、あまり食事にお金をかけられない人が多いから、食べ物の特集をするなら、フランス料理やワインよりは、お茶漬けやラーメンのほうが合うってところはありますね。

そんないい加減な動機で特集つくっちゃっていいのか、と思われるかもしれませんが、実際のところ、世の中で起こっていることを一応意識はしつつも、ただの思いつきだったり、こじつけだったりすることが多かったです。プロ野球の新庄剛志元選手が大リーグに行くことが決まったとき、勝手に「大リーグ後の新庄を考える」という特集を組みました。大きなお世話なんですが。「ホストになったら?」という設定で、有名なホストクラブ経営者の方に話を聞いたりしましたね。「彼なら有望だ」と言ってましたよ。テレビ東京が「大食い選手権」を復活させると聞けば「大食い特集」。梅雨には「祝・梅雨入り」とか銘打ってカエル

23号（1997年11月22日号）
特集「みんな大好き！ 決定盤・これが究極のお茶漬けだ！」

11号（2004年5月29日号）
特集「テレビブロスまもなく創刊17周年記念特集 わんこブロス！」

特集をやったり。「CREA」の犬特集をパクって「わんこブロス」。で、犬をやったら次は猫ということで、「にゃんこブロス」。これは2号連続でやりました。

　テーマを決めた後の特集の切り口は、細かいところまで指示することもありましたし、担当編集者が出してきた内容に、あっさり「いいね〜」となることもありました。なるべく風通しは良くしようと思っていて、そうしておかないと意外性のある企画はあがってこないですから。私がまだ編集長じゃなかった頃に上司だった人たちも、間口が広くて、なんでも寛容に受け入れてくれるタイプが多かった。まあ、私のやることに興味が無かったのかもしれませんが。「高木ブー特集」の場合は、当時の編集長には「高木ブーでやります」と言っただけで細かい内容は全然説明せず、勝手につくって最後の校正だけ見せて通してしまいました。ある程度経験を積むとほぼ任されちゃうところがあるので、それを利用して好きなことをやっていたところがありますね。社内的にも、「テレビブロス」はなんだかわからないから触らない、みたいな、アンタッチャブルなポジションを獲得してしまっていたのかもしれません。〔3〕

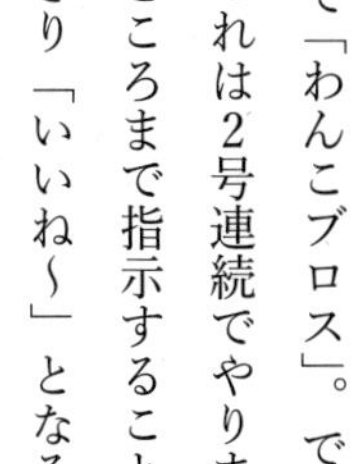

12号（2004年6月12日号）特集「テレビブロスまもなく創刊17周年記念特集2　にゃんこブロス!」

〔3〕誌面の作成工程として、最後に「校了紙」を印刷所に戻すタイミングがあるんですが、みんなギリギリで作業してるから、編集長さえその時点で初めて詳しい内容を知るという事態も多々ありました。そうすると、編集長として不本意な内容だったとしても、印刷所のバイク便が取りに来る2時間前ではもはやどうにもならないというか、できないというか。そういうタイトな状況を逆手にとって好きなことをやっていたところもありました。今となっては当時の編集長に申し訳なかったと反省してますけど。（小森）

ブロス的こだわり

そんなわけで、私は編集者には基本的にあまり細かく口出しはしませんでしたね。「ここだけ押さえといて」というポイントを伝えることはありましたが。たとえばさきほどの「お茶漬け特集」だったら、「敢えて不味いお茶漬けをつくる」という部分ですね。「粒ウニ茶漬け」「アンチョビ茶漬け」は比較的まともですが、「カロリーメイト茶漬け」「ウイダーｉｎゼリー茶漬け」「コアラのマーチ茶漬け」となると、だんだん訳がわからなくなってくる。まあ単なる遊びで、ライターさんに不味いものを食べさせてそれがいかに不味かったかを表現してもらうとけっこう面白かった。ひょっとして意外に美味しいものもできたりするし。その後テレビで似たようなバラエティ番組もやるようになりましたけどね。

「一人鍋特集」のときは、「ブロスを鍋敷きとして活用してください」というひと言だけ入れて、と担当編集者に伝えました。このときもお茶漬け特集と同様、不味い鍋をつくりましたね。「（マクドナルドの）バリューセット鍋」「ポップコーン鍋」「太田胃散入り鍋」……。ブロスを鍋敷きに、という点にこだわったのは、以前読者から「読んだあとは鍋敷きに活用させてもらってます」というお便りが来たことがあって、「へー、ブロスにはそんな使い道もあるんだ」と私自身が驚き、

5号（2005年3月5日号）
特集「ひとり暮らしの鍋料理」

それを読者に知らしめたいっていう程度だったと思うんですけど。「ラーメン特集」のときは「ラーメンズの名前の由来」と「ラーメン事件簿」。「ラーメン事件簿」では、「手首ラーメン事件」のことは入れといてね、と言いました。私の世代だと、やっぱり記憶に残っている事件なんですよね。まあ、こだわりといってもその程度です。担当編集者との間にある程度信頼関係ができている場合は、そのくらいで大丈夫なんです。いい加減ということではなくてね。

特集のテーマが雑誌の売上げに影響するのかどうか、「テレビブロス」に限らず、よくわからないところがあります。少なくとも発売直後の時点ではわからない。数ヶ月時間が経って初めてなんとなくわかってくる。つくるときはどんなものでも「これ、面白いでしょ？」というつもりでやっているんですが、それが結果的に受け入れられるかどうかは、出してみないとわからない。〔4〕

私が編集長の時代で売れたとはっきり言えるのは、「ａｎ・ａｎ」をパクった「好きな男・嫌いな男」特集号ですね。さすがに本家「ａｎ・ａｎ」より前に特集するのは失礼なので、あちらの発売後すぐのタイミングで出したんですが。まあ、こちらは「好きなデブ」「好きな『はぐれ刑事』の同僚」「好きな三国志のキャラ」「好きなローマ皇帝」とか、「ａｎ・ａｎ」じゃ到底やらないようなコーナーを設けてるので、ただ便乗したわけでもないんですが。

〔4〕　表紙も売上げを左右する要素ですが、私が編集長の頃、心がけていたのは、「わかりやすい表紙」でした。パッと見てわかるかどうかが大事。この点は従来の編集長の時代とは違っていたんじゃないかと思います。たとえば「ドラえもん」とか「ウルトラマン」とか「仮面ライダー」とか、作品を特集したらキャラクターをそのまま表紙に使ってしまう。「ＮＯＶＡうさぎ」を表紙にしたいがために、強引に特集を2ページつくったこともありました。芸能人の写真ばかりの競合誌のなかでも目立ったせいか、そういう表紙の号は売れましたね。社内の書店営業担当にとっても、取次ぎ店等に売り込みに行く際に説明がしやすいので、良かったようです。（小森）

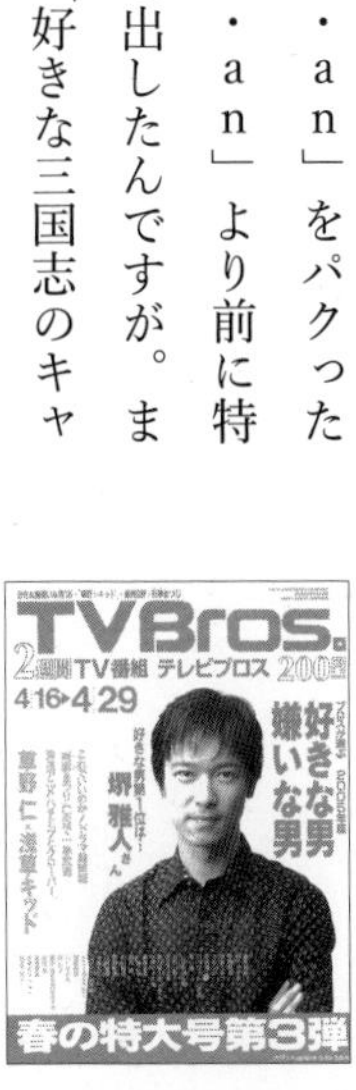

8号（2005年4月16日号）
特集「ブロスが選ぶ　2005年版
好きな男　嫌いな男」

「嫌いな男」ランキングなんかは、顔ぶれが本家とは全然違いましたね。まったくカブらない。まあ、そんなに厳密な集計をしているわけではないんですが、この人を「嫌いな男」に挙げたら芸能事務所から確実に怒られそう、って人も入っている。別にケンカを売るわけではないんですが、媚びるつもりはないので。そういえば、あるコラムに某大手事務所の一番人気のアイドルについて超辛口な批評を載せたときは社内でも問題になって、もう誌面になっちゃってたんで上層部もどうすることもできなかったんですが、「なんでこんなの載せるんだ！」って、激怒した上司から雑誌を投げつけられたことを覚えてます。

タイトルとリードは編集長の独断

特集タイトルは、自分が直接担当していないものでも編集長権限で付けちゃうことが多かったですね。タイトルはわかりやすいことが一番のポイントで、犬なら「わんこブロス」、猫なら「にゃんこブロス」となるように、ラーメン特集なら「ラーメンブロス」。このあたりは何のひねりもありませんが。「北斗の拳」特集で「ひでぶっ！」って付けたのは、なんだかいろいろ考えたんだけどいいのが出てこなくて、やけっぱちという感じだったのでは。「ドラえもん」特集のときは「ゆくドラ、くるドラ」。声優陣が大山のぶ代さんはじめお馴染みの方々から一斉に交代するタイミングだったので。まずこのタイトルを決めてから編集者に取材に行ってもらいました。

それから、特集ページでタイトルの次に出てくるのが、特集内容を簡単に説明する「リード」というものなんですが、これも意味はなくてもノリが良ければいいみたいなもので。「わんこブロス」では、「CREAと間違えてこのブロスを買ってくれた人、ありがとう！　犬の散歩に良い季節になった今日この頃ですが、気がつけば『テレビブロス』はまもなく創刊17周年。そこで敢行！　〝101ネタ〟わんちゃん大行進!!　ブロスも人の子ですから、カワイイわんこは普通に大好きなのです」……と続きます。「にゃんこブロス」でもしつこく「またCREAと間違えて買ってくれた人、ありがとう。」と入れました。(5)

市川雷蔵特集をしたときに、「ヨン様より、やっぱりライ様。ヨン様、ヨン様って大騒ぎがなかなか収まらないけど、なんであんな小太り&笑い皺&おばさん顔の人にみんなそこまで熱狂するかな、不思議」……って、雷蔵を讃美するあまり当時大人気だったペ・ヨンジュンをけなしたら、ファンの女性たちからかなりの抗議がきました。「ひどいことを書くわね！」って、ハガキで。

(5)　リードや本文の文字量が多すぎてページに文字が入りきらなくなったらどうするか。文字に長体をかける（1文字の左右幅を狭めて縦長にする）。または平体をかける（1文字の天地幅を狭めて横長にする）。級数を小さくする（文字を小さくする）。行間を小さくする（行と行の間を狭める）。そうしていくと文字が際限なくいっぱい入ります。よくそうやって強引に文字を入れ込んでました。読みにくいですけどね。「テレビブロス」みたいなジャンクな雑誌だからやれることであって、普通の雑誌ではなかなかやらないでしょうね。（小森）

「面白い」の共有

こういう雑誌を出し続けていると、「この雑誌をやりたい」「この雑誌に関わりたい」という人が、新入社員でもフリーの方でも自然と集まってきます。創刊時のスタッフはまだそういう蓄積がなかったから、そういう点では苦労したでしょうけど、ある程度の蓄積ができると、雑誌自体が、どんな告知活動をするよりも有効な求人媒体になってくる。そうなると、ちょっと変わったテイストの人たちが自然に集まるというか、面白い人材が集まる磁場が形成されてきます〔6〕。

新人編集者にブロス的こだわりとか面白さとかを共有できるように教育するかといったら、そんなことはしません。「これが面白いか、面白くないか」なんて、人に説明されて納得するものじゃない。わかる人はわかる、わからない人にはわからない。で、それはやっぱり時代とともに変わっていくものですよね。だから我々の時代で我々が面白いと思っていたものは、たぶん何年か先には通用しなくなっていたと思います。で、何年か経つと、また一周して面白いとなったり。そこは変わっていくものだから、その時代時代でこの雑誌に関わっている人が、自分が面白いと思うことをそのまま表現していく、それだけのことだと思います。

ただ、その感覚って、同じことをやっていても、「この場でやるから面白く見

〔6〕感覚を共有できていて、仕事も重ねてある程度信頼関係を築いてしまうと、もう編集部員が「このテーマでやります」と言えば編集長は「あぁいいよ、やんなさい」という感じになります。部内で一応編集会議はやりますが、そのときも社員ではないフリーの編集者にわざわざ来てもらうのも恐縮なので、私は招集しなかったですね。フリーの方には都合のいいときに来てもらって、企画案をある程度まとめて提出してもらって説明を聞く。それで「これとこれでいいんじゃないですか」っていう感じでやってました。（小森）

える」ということもあるんです。「この場所を出てやっても無理」みたいな。たとえば、お笑いのライブがあって、そこで何組も芸人が出てきて次々ネタをやって、観客がずーっと笑っている。でもあれはその高揚感のなかでやっているから笑いが途切れないのであって、同じ芸人が同じことを、いきなり駅前の広場とかでやったとしても、たぶん同じ笑いの現象は起きない。そんなのと似たところがありますね〔7〕。

雑誌も、そういったつくり手と読み手が共有しつつ深化させてゆく雰囲気があって、そういう状況ができると何をやってもわりとうまくいく。そうなっちゃえばもうけっこう、怖いものなしで、怖いものなしだと思ってつくっていると、そんなに外れない。逆に、そこまで行ってない、何もないサラ地みたいな場所で「こういうことが面白いと思うんですけど」って一から積み上げてやっていくのは、ものすごく大変だし、不可能なんじゃないかと思うんですよね。不可能というより、そんなことはやりたくないし、みっともないというか、格好悪いじゃないですか。「なんで同じ感覚を共有してない人に説明なんかしなくちゃいけないわけ？」と思うから。「これ面白いでしょ？」なんて説明しなくても、感覚を共有できる人がある程度いれば、面白がってくれる。結果として媒体として成立する。さきほども言いましたけど、わかる人にはわかるし、わからない人にはわか

〔7〕連載をお願いする人に関しても、結局、「テレビブロス」的面白さを共有できるかどうかが重要だったりします。編集者が「この人面白いんです。連載やりたいんです」と持ち込んできて、むしろ編集長が「……それ誰？」と、知らなかったりすることもあるんだけど、「じゃ、書いてもらったら？」みたいな感じで始まることが多い。いい加減に聞こえるかもしれませんが。でも連載って、それを立ち上げた編集者の思い入れが一番大事で、極端に言えば、担当者と共に生まれて共に滅びるもの。担当者が変わるとガタッとつまらなくなったりするんです。だから「この人でやりたい」という強いモチベーションで持ってきてくれる編集者は貴重ですね。「テレビブロス」ではいまだに爆笑問題さんが連載を続けてくれているんですが、これって奇跡に近いことですよ。レギュラー番組をあれだけ持っていて、1本番組に出れば何百万円ものギャラをもらえるであろう方が、数万円の報酬で隔週で文章を書いてくれているという……。おふたりの仕事のなかでもっともコストパフォーマンスが低い仕事なんじゃないですか。それは、連載を立ち上げた当時の担当編集者のモチベーションが、いまだにおふたりの記憶に残っているからだと思うんですよね。そういう意味で、「テレビブロス」は幸福な雑誌だと思います。（小森）

らない。場の問題なんですね。これまで挙げた特集も、「こういうわけで面白いからやりましょう」なんて社内的に説明してつくったものは一つもない。単に「つくった」だけ。そういうものなんです。

読者が「ブロス」に求めるもの

これまで話したことと矛盾すると思われるかもしれませんが、テレビ誌の基本は、やっぱり「番組表」です。[8]「テレビブロス」の購入者のなかで、「単に2週間分の番組表が一番安く手に入るから買っている」という人が、やっぱり8割9割くらいを占めているんじゃないでしょうか。そこにプラスアルファとして何を付けていくかということで、初めてテレビ誌の色が決まってくるわけです。だから、つくり手と読み手が同じ感覚を共有してるといったって、あんまり読者を過信しちゃいけないというのは常にあります。共有してる読者もいるけどそうじゃない読者もいる、むしろそのほうがマジョリティ、そういう警戒感です。

当時、文化人の方々が「テレビブロス」を好きだと公言してくださっていたのは非常にありがたかったんですけど、そうした方のなかには、「番組表は無駄だから取っちゃえ」っておっしゃる方もいた。でも、私としてはそれはちょっと同

〔8〕新聞などに載っているラジオ・テレビ番組表「ラテ欄」は、新聞社やテレビ局がつくっているわけではありません。たとえばこの東京ニュース通信社のような会社が毎回テレビ局に取材して、内容を確認し、つくっている。それを配信してビジネスにしています。（嶋）

意できませんでした。番組表を取っちゃったら、やっぱり部数は十分の一くらいに減っちゃうと思うんですよね。それではやっていけない。「テレビブロス」を、オピニオン誌というか、そういうふうに見てくれているような方にとっては、番組表とか番組解説のページは確かに無駄なんですよ。でもそのページを全部なくして連載だけにしてしまったら、普通の人は買ってくれない。番組表が付いていることである程度の部数が保証されているんです。

さきほど、「これは突然変異的に、奇跡的にできた雑誌」と言ったのは、そういう意味もあります。番組表を付けて売っているテレビ誌の業界で、こういう特殊なことをやろうとする会社はなかったし、たぶん今後も現れないと思う。私にとってそういう雑誌に関われたのは幸せでした。偉大な先人のおかげです〔9〕。

これから「テレビブロス」がどうなっていくか、わかりませんし、私はもう関係ないんですけど、ただ、「テレビブロス」がやってることって、世の中の出来事に対してみんながどこか潜在的に感じている、「これ、一般的にはこういうふうに言われてるけど、本当はこうなんじゃない？」っていう突っ込み、それを誌面で具現化することだと思うんですよ。潜在的、ってところがポイント。日本って建前社会だから、よくテレビのワイドショーなんかで、何かの事件の被害者とか遺族とか、打ちひしがれている人に、「今のお気持ちは？」とか聞く。あんな

〔9〕 私はそもそも「テレビブロス」をつくりたくて会社に入ったので、実際にそれをつくれたことは非常に幸運だったし、ずいぶん長い期間関わったので、思い残すことはまったくありません。今さらまたやってみたいとも全然思わない。現在は別のテレビ誌を担当してますが、ブロス時代とは頭を切り替えて、いってみれば自分という機械のなかの全然違うパーツを動かしてやっている感じですね。敢えて物事を斜めに見るとか、敢えてマイナーなものに目を向けるとか、ブロス的な手法は封印するようにしています。でも、ついつい出ちゃうことも、たまにありますね。（小森）

ことわざわざ聞かなくてもいいだろうって、みんな思ってるんだけど、でも、同時にそういうことを聞いてみたいという加虐趣味的な悪意も、みんな潜在的に持っているわけで、だからこそそういう低俗な番組も低俗と罵られつつ続いていく。潜在的だから、一人ひとりは気付いてないし、指摘されても認めたくないものなんでしょうけど。「テレビブロス」という雑誌はこれと同じ図式なんですね。「ぴぴぴくらぶ」という読者投稿欄も、ライターに書いてもらってる「ブロス探偵団」も、基本的にそういう突っ込み。連載の執筆者にしても、そういう視点で書いていただいている方が多いと思います。

ただ、今は、より適した媒体としてネットがありますからね。創刊時はなかったけど。そういう意味では、社会的な役割はすでに全うしているのかもしれません。それでも「テレビブロス」的な突っ込みを好む潜在的心理、これはいつの時代も変わらないだろうと思いますね。

扶桑社「en-taxi」担当編集長

田中陽子

文芸編集のしごと
文芸をつくること、売ること

1991年扶桑社入社。宣伝部、広告企画部、「週刊SPA!」編集部を経て、2002年より季刊文芸誌「en-taxi」の創刊に携わり、2008年11月より現職。リリー・フランキーが、自身の母親との半生を綴った『東京タワー　オカンとボクと、時々、オトン』を担当し、220万部を超えるベストセラーとなった。また、落語家・立川談春による『赤めだか』（講談社エッセイ賞）、五反田団・前田司郎著『夏の水の半魚人』（三島由紀夫賞）なども手がける。

才能を見つけて世に届ける

「見えないものが書けているかどうか」という言葉があります。これはカポーティの言葉なんですが、私はいつも、そうした作品を探して文章を読み続けています。

いい文芸作品の一つの要素に、見えない事象を言語化しているかどうかが必要だと思っています。文芸の編集者の仕事は、まずそんな才能を発見すること。そして作品が良い方向に向かうよう、完成まで書き手をサポートする。完成した文芸作品は、最終的に本という商品のかたちをとって世の中に出て、読者のもとに届くわけですが、本になった作品の流通に関しては、作家の代わりに編集者や出版社が代弁して動いていくことになります。これらのすべての段階において編集者は、その書き手と作品の一番の理解者でありバディとして、ベストを尽くして動きます。

見えないものを言葉にする力

なぜ人は本を読むのか。皆さんもきっとそうだと思いますが、「自分のなかに何らかが入り込んで残っていく」ことを求めて読むんだと思うんです。それは、

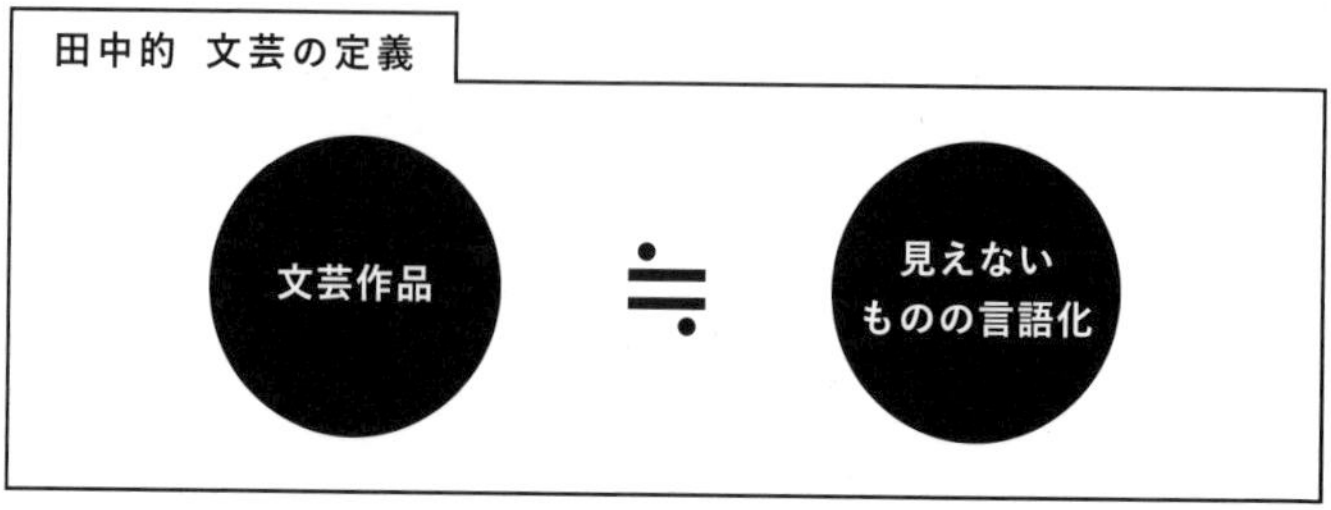

自分の知らない感情であったり、知らない情報であったり、未知の世界像であったり、知っているけどもう一度確かめたいものであったり。いい作品というのは、感情や思考や目に見えないものをつかんで、言葉というかたちで表現できているものだと思ってます。文芸というのは「文章の、言葉の、芸」ですから。

それを実現するには、書き手は見えないものを「感じられる」力があるだけでは足りなくて、「言葉にして伝える」力が必要だと思います。「なんとなく今こんな気持ち」と感じるだけではなくて、ちゃんと読み手にわかるように、曖昧にごまかさず、文章で描けなくてはいけない。

ある部分は、広告のクリエイターの方と似ているかもしれませんね。コピーライターだったら、時代の気分を表現するときに、「何とかな感じ」という曖昧な言葉じゃなくて、ひと言で消費者に説明できていないといけませんよね。文章も同じで、ちゃんと言葉で伝えることで、読み手を引きつけてこれるかどうかだと思います。たとえば、違う世代の感情や、時代の流れの変化で出てきた新しい感情を、誰が読んでも明確にわかるように書けたら、それはきっといい作品になると思う。「キレる若者」のことを書くとするなら、キレる若者の気持ちを「わかる、わかる」って同意するだけじゃなくて、わからない人にも「キレる若者はこういう回路で思考して、こんな行動して、こうなるんです」と、その文章を読めばキ

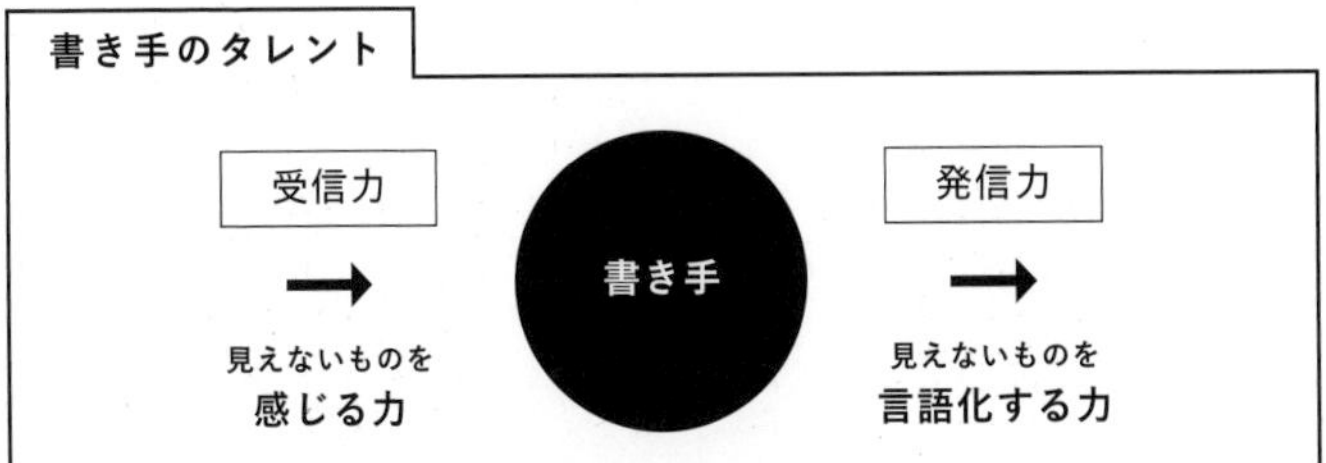

レる若者の行動心理が明確に、もしくはなんとなく感じれるように書く。そういう作品は読者を引きつけてこれると思います。

つまり、いい作品を生み出す書き手は「見えないものを感じる力」という受信装置と、「見えないものを伝える力」という発信装置を持っている。言い換えれば、世の中を読み解く力があって、更にそれを表現できる力もあるということです。

私の経験則からするとそれらの力の源の一つは、読書量に比例すると思っています。文章って、自分の思ってることをそのまま書けば面白いものになるかっていったら、絶対そうじゃないと思う。読まれて面白い作品になるためにはやっぱり、書き手の構成力や文章を書く技術や語彙が必要で、そういう力を得るには、とにかくたくさん読むしかない。読むことでインプットしていかない限り、アウトプットする力も絶対につかないと思うんです。それは、文章だけじゃなくて、芸術といわれるものはすべてそうだろうと思います。受信はあるけど発信できない、自分で感じているものはあるんだけど出し方がわからない、そういう人はたくさんいますが、いい書き手との違いの一つはそこにあると思います。発信する力は突然神がかり的に降ってくるんじゃなくて、ずーっとインプットしてきたことの積み重ねでしかあり得ず、逆に言えばこの発信する力は、訓練で確実に伸びるということでもありますよね。

読書量に比例する表現力

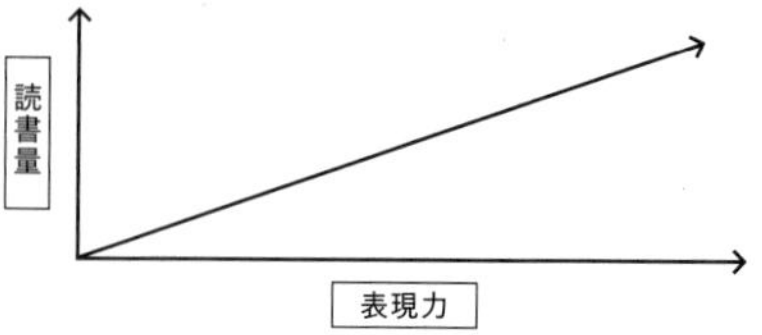

読んで、読んで、読む

そんな才能ある書き手を発見するためには、私たち編集者は何をするべきか。答えは単純で、とにかく「読む」「相手を知る」こと。基本は、これだと思います。読まない限り、「その書き手がどういうものを書けるのか」確かめられない。どんなものを書いてきたのか、その人がそれまでに本を出していれば、それを読みます。本が出版されたということはお金が発生して商売として成り立っているはず。それはつまり「見えないものを言語化して読み手に伝える」力や、「読者にとって面白いことを伝える」能力を書き手が持っているということです。なんとなくブログで書き綴ったものだけでなく、作品として向きあったところでどんな文章が書けるのかということを、私は見たいとまず思うんです。

作家と編集者の付き合い方も、人と人との付き合いですからいろいろなかたちがあります。でもどんな付き合い方であれ、編集者の中心になるのは、その作品の魅力を発見できるかどうかだと思います。その作品の、作家の持ち味、魅力を頭におきつつ、書き手のいいところを引き出せるよう作品に向き合う。才能をサポートして、完成に向かっていくんです。

「バディになりたい宣言」

読んで読んで、面白いと感じる書き手を見付けたら、手紙を書くことが多いですね。この「最初の手紙」は、ベタな言い方ですけど、惚れた男をいかに口説くか、惚れた女にいかに想いを伝えるかっていう手紙ですね。この手紙に盛り込む要素は、その書き手と関係性をつくり始める最初の段階ですから、まずはどんなにあなたが好きかを表すことが大切です。

「あなたの作品の、ここがいいと思いました」ということを必ず書きます。主人公のキャラクター設定が面白いと思えばそれを、風景の描写がすごく上手だと思えばそれを書く。作品の感想を書くことは、編集者にとって必要な能力の一つでもある「小説を読む力」が如実に出てしまうことであり、作家側もその「感想」によって編集者側を測るのだと思います。つまり「作品を客観的に読み解きながら、あなたとチームを組めるバディになりたいと思っている」ことを、わかってもらうということです。「何でもいいから書いてくれ」じゃなくて、「私はバディとしてあなたの才能を理解し、積極的にサポートしていきたい」と思ったことを伝えるんです。

で、手紙を書いた後はお会いするようにしています。仕事をする相手と顔をつ

田中的 依頼の手紙

① 作家を愛する主観性
② 作家の才能を読み取る客観性
→ **作家のバディになる宣言**

き合わせて話すというのは、どんな仕事でも同じだと思いますが。その際に書くことで食べていくんだという気概や覚悟を持ってやっている方かどうか。実績のない方であればなおさら、どのくらいの熱意があるのか、直接会ってみないとわかりづらい。ただその判断基準は数値化できるものではないですし、何人かの人に会ってきて、自分のなかの目盛りで推し量るしかありません。私にとっては、お会いすることで私自身が書き手側の真剣具合を受けとめられるか、という確認作業でもあります。

最初に読んだ文章で「見えないものを書く」力があるな、と思える方でも、その幅が狭かったり、覚悟が浅かったりする方もなかにはいらっしゃいます。すると一回きりで終わってしまったり、期限を守っていただけなくて仕事として成り立たないということもあり得ます。もちろん、「一つのすごく面白いものを持っている」と思ったら、「その一つをもらいに行こう」と思います。でもやっぱり深いほうが長くいい仕事ができる。

お会いして話をすることとは、作品のテーマを見つけに行くという面もあります。人は、自分の内側に持っているものしか書けない、と考えています。なので、その書き手がどんな生活をしているのかを聞いたりもします。たとえばまだあまり本を出していない方だったら、何か副業をされていることもある。その仕事が作品のテーマになるかもしれない。ではそれはどんな仕事か。普段どういう本を読んでいるか、とか。書き手のアウトラインを聞きながら、その人に書いてもらえるものを探していきます。

「百枚お願いします!」作品完成に向けてあらゆるサポート

書き手によって違いますが、私の場合の原稿依頼は、「百枚でお願いします」など[1]、枚数の目安と締め切りだけを伝えることが多いですね。その書き手にお願いしようと決めたら、その時点では内容に関する細かいリクエストはせず、お任せします。こちらからテーマをぶつけることもありますが、むしろ、書き手の内側にあるものを引き出すことが重要ですから。これがたとえば新書であれば企画ありきですし、エンターテインメント系の小説はプロットから始まるものだったりと、進め方が全然違うと思いますが、小説の場合は往々にして、その書き手ありき、人間ありきだと考えています。

そして原稿が上がってくるまでは、気持ちよく前向きに仕事をしてもらうことに注力します。いい原稿を仕上げてもらうために、子どものために何でもする親になるつもり! くらいの覚悟で(笑)。執筆の資料集めは当然ですし、書き手

(1) ちなみに1枚とは原稿用紙1枚、400字のこと。百枚という依頼は、芥川賞を念頭に置いた目安だったりもします。「短編で30枚でお願いします」とか、そのときどきによっていろんな依頼があります。(田中)

によっては想像もつかなかったリクエストが出てくることもあります。50年前のこの日の雨量を調べる、とか。文芸の世界は、たとえば殺人も描かれるし、倒錯した世界も描かれるし、どんなことにヒントを求めるかわかりませんからね。そのときに作家の要求をどこまでサポートできるか。

　知り合いの編集者は、ある作家が「引っ越ししたい」と言うので、間取りや物件を調べて、部屋を決めるのにも付き合って、引っ越しも手伝ったこともありました。そういうことは、原稿を書くこととは直結しないように見える。でもどこまで一緒に付き合っていけるか、ということでもあります。プライベートまで付き合えるのは、信頼されている証でもありますし。文芸の世界って、作家と編集者の関係が非常に人間くさいところがある。信頼したからには覚悟を決めて付き合うし、「この編集者が言うことだったら仕方ねえな」と作家に思ってもらえる存在になりたいと考えています。一番の理想は「この編集者に一番いいものを読んでもらいたい！」とまで、作家に思ってもらえるようになることです[2]。

　原稿が上がってきて「もっと追求できるベストのかたちがあるな」と思った場合は、いわゆる「赤字」を入れて作家に返します。「ここは削ったらどうでしょう」とか、「ここのディテールをもっと詰めてみては」と、直しの相談をお願いする。そこでも、作家とコミュニケーションがとれていることが大切ですね。誰

〔2〕「この編集者が言うことだったら」と、締め切り通りに原稿を上げてくださる作家もいますし、原稿を落とさず、逃げることも直しもなく、「約束したものを締め切り前に完成稿で」という、小林秀雄のようなタイプの作家もいます。また、締め切りギリギリで力を発揮される方も。（田中）

でも、直すのは嫌なものですし、目指すところにうまく辿りつけないから悩んでいる場合もある。私がある作家に言われたことは「直しの依頼を10枚の手紙で書くなら、8枚褒めて、残りの2枚でダメ出ししろ」って。まず、いいと思ったところをちゃんと言葉にして伝えてから「ここは……」と相談するほうが、先方も話を聞きやすいのではないでしょうか。

そうして、いかに表現されているか、書き手の良さが出ている作品になっているかということを考えながらやりとりして、仕上げていただきます。

原稿用紙から本へ。編集者のプロモーション戦略

こうして完成した作品はやがて本になります。ここで作家から編集者にバトンが渡ります。力を尽くしてできた作品がやっと本というかたちになった。それを流通させるのは、編集者側に託される大きなミッションです。戦略的にプロモーションを考え、売る努力をします。

ケーススタディとして、私が担当した書籍『赤めだか』(立川談春・著)でのお話をしてみたいと思います。[3]

これは雑誌「en-taxi」で連載していたエッセイですが、一番最初は連載ではあ

りませんでした。でも、一回目の30枚の原稿をいただいた瞬間、「面白い。連載してほしい！」と思いました。「絶対売れる」と思えた。

連載のときの冒頭は、いきなり「福田和也に惚れられた」という一文で始まったんです。この一言だけで、「えっ？　何それ」って、ぐっと来る。著者の談春師匠は落語家ですし、どうやって話を始めればお客さんが食いついてくるのかを、常に頭のなかで考えられているんだと思います。情景がすぐ目の前に浮かぶような描写力もあって、切り返し方が非常にうまく、引きつけられるんです。

『赤めだか』は、落語家の立川談志師匠の弟子である談春師匠が師匠との関係を中心に書いたものですが、落語自体一度も聞いたことのない人にもぜひ読んでもらいたいと強く思えました。落語好きじゃなくても面白く読める、広がりのある、青春物の一つとしても感動できるいい本になったので、いろんな人に手に取ってもらえるはずだと、販促活動を考えました。

本だけじゃなく、どんなものでもそうですが、物や情報であふれている今は知らないものは買わないと思うんですね。本だったら著者の顔が見えたほうが広がりやすいので、いかにメディアに載るか、話題になるかということを常に考えてました。ニュースをつくるっていうのは、知ってもらう、手に取ってもらう上で、すごく大事なことです。

〔3〕『赤めだか』は立川談春師匠が17歳で立川談志師匠に弟子入りしてからの前座生活を描いたエッセイ。文芸誌「en-taxi」での連載を書籍化し、12万部のベストセラーになりました。書籍のつくり方には、主に連載を書籍化する場合と、書き下ろしの2通りがあります。連載ですと、書き手には連載時の原稿料が入るし、読者の反応を見ながら進める余裕もできます。ほかにも、冒頭部分を雑誌に載せ、続きを書き足して書籍化するなどの方法もあります。（田中）

販促活動の一つとして、地方で売りたいと考えました。談春師匠はそれまで、東京での落語会が多かったんですね。コアなファンがたくさんいる東京で確実に売り、更に、地方の人にもっと知ってもらいたかった。

通常、本周りのイベントですと書店でのサイン会やトークショーですが、それよりも、落語を聞いてもらったほうが絶対、談春師匠を好きになってもらえて、本を読んでもらえると思ったんです。

じゃあ、たとえば地方で落語会ができないか、と。師匠も「サイン会でボーッと座っているのは嫌だ。俺は落語家だ、落語をやらせろ」と言ってくださった。でも、落語会のセッティングって誰がやるの？　となると、誰もいない。私がやります、ということになって、地方のホールがどこにあるかを調べ、会場を押さえ、ぴあやプレイガイドなど、チケットの販売手配をし、舞台をどうするか……。通常はイベント会社が行う、会場をつくる細かい作業から客集めも行うことになりました。

地方5ヶ所で手伝っていただけるメインの書店を見つけて、書店店頭でもチケットを売ってもらいました。出版記念の落語会ですので、ちょっと変わったかたちで、落語を聞いてお土産に『赤めだか』がついてくる落語会としました。入場料に本代を含んでいて、その本代は書店に入ります。「その代わり店頭にポス

出版記念として、「立川談春独演会」全国ツアーを開催。大阪、名古屋、仙台、札幌、長崎の全5ヶ所で行った。

ターを貼らせて」とか、書店さんも巻き込みました。会場の下見に行ったときに地方のタウン誌を回って取材のお願いをしたり、テレビで取り上げてもらえるようツテを辿ったりしました。でも、イベント会社にも頼まず――予算がなかったので――ここまで全部編集者がやるのは、ちょっと特殊かもしれません（笑）。

ほかにも談春師匠にお願いして、いろいろなことを企画しました。なかでも大がかりだったものが、東銀座の歌舞伎座で、談志師匠と一緒にやった親子落語会。今まで歌舞伎座でやった落語家は10人もいなくて、実現したのも間にいろいろな人に入っていただいた結果でした。しかも、権威的なものを嫌うイメージがある談志師匠が歌舞伎座に出るということは、絶対にニュースになりますし、実際あちこちで取り上げていただきました。

談春師匠がテレビのドキュメンタリー番組――「情熱大陸」（毎日放送）に出演されたときも、反響は大きかったですね。

テコを動かすように地道に一つひとつをつなげてニュースが生まれるよう、そのニュースでいかに本の魅力が伝わるかを考えて動いていきました。本の発売半年前に地方の落語会の準備が始まり、発売直前から書評やインタビューのお願い、発売3ヶ月後に歌舞伎座落語会、その直後に講談社エッセイ賞を受賞でき、発売から10ヶ月後に「情熱大陸」が放映され……と、そのたびに本の販売部数も増えて、一年で12万部という快挙となりました。

賞をとるということ

『赤めだか』は、講談社エッセイ賞を受賞しました。受賞って、プロモーションにとってもとても効果があります。

書店では、賞をとった瞬間に「売る棚」に出してもらえる。一番置いて欲しいのは、書店に入ってすぐの平台です。一番目立ちますし、売り上げベスト10があったり、お客さんの目に留まりやすい。

受賞がなければ下手すると、この本は「落語の本だから」と、古典芸能の棚だけに置かれてしまう。それでは古典芸能、落語を好きな人の目にしか触れない。でも賞がとれればより多くの書店の平台に置いてもらえて、落語ファン以外にも見てもらえるチャンスが増えます。エッセイ賞をいただいたということは、「マニアの世界だけじゃなくて、落語を知らない人でも読めるエッセイとして楽しんでもらえますよ」という、公的なお墨付きをもらえたということで、書店さんにも読者にも説得力が増します。

本の帯は、合計4回変えました。〔4〕「本の雑誌」で上半期ベスト1になったり、増刷部数を入れたり、受賞が決まればそのことを……と、次々に足して変えていきました。文芸書は新書などと違って、内容を端的にアピールするような書名でないことも多い。だからこそ、帯でいかに伝えられるかということを考えます。最初の帯は出版記念の落語会の告知と、この本を褒めてくださった著名人のコメントを載せました。そのうち書評が出たり、雑誌や新聞、テレビで面白いと言ってくれたりと反応があったので、新しいコメントを加えて帯を変えていきました。著名人のコメントも「この人がそう言っているんなら、読んでみようかな」と一つの説得力になります。

作品の力と著者の多大な協力があり、様々な歯車がかみ合って、あっという間に『赤めだか』の部数は伸びて、12万部のヒット作になりました。落語家のエッセイが10万部を超えたのは、今までになかった快挙でもあります。

発売前にプルーフと言われる仮綴本をつくって、書店や新聞の書評委員などに配ることもあります。これは出版社からメディアへの、一般的なPR方法の一つですね。発売前に原稿を読んで面白いと思ってもらえれば、本の発売とずれることなく、タイムリーに書評を載せてもらえて、書店でも一番目立つところに置いてもらえるようになる。編集者は実は、原稿が上がった後のほうが忙しいかもし

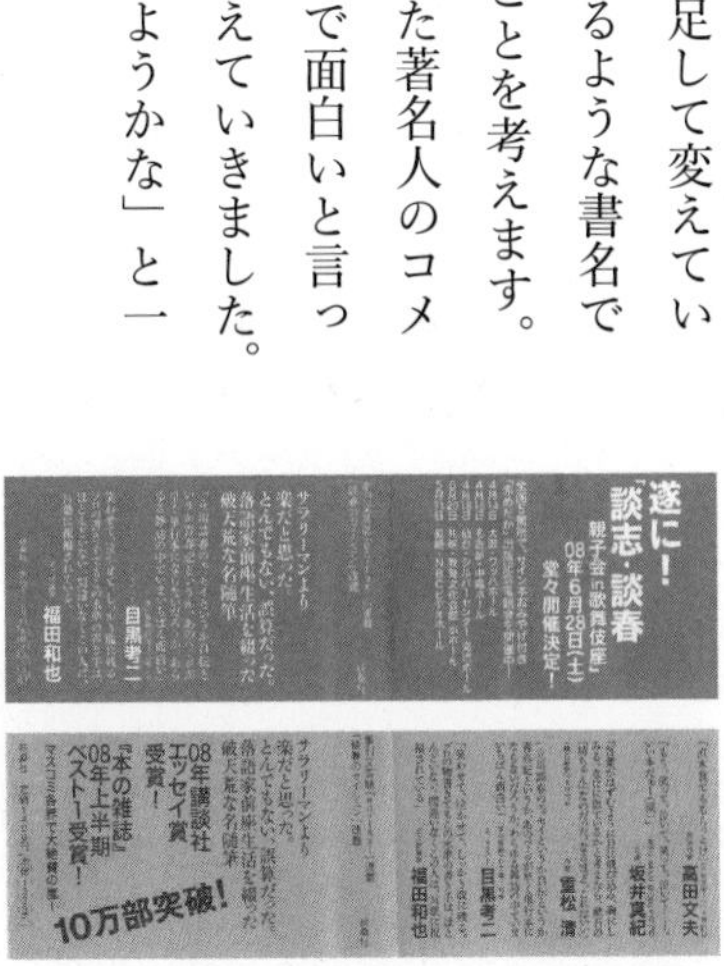

〔4〕『赤めだか』の帯は、本が売れるに従って、それを更に盛り上げる内容に更新されていった。発売当初の帯（上）には、著名人による書評をいち早く掲載。裏面には、立川談志師匠との歌舞伎座落語会の告知。4番目のもの（下）には、受賞のニュースと「10万部突破！」の文字が。

れません。

本のプロモーション戦略は、あらゆる状況をいかに有利にもっていけるかということだと思います。一つが成功したら、それによってまたできる戦略が広がります。テコを動かすようにそれを続けていく。続けるために、仕込んでいく。すべてが理想通りに動くことはないですが、ともかく状況に応じてこまめに動くこと。ニュースをつくることも、書店を攻略する方法も、その状況でのベストなやり方を常に考えます。それは編集者が著者の代弁者として行動するということでもありますが、やっぱりそこでも作品と作家を理解していればこそ効果的な戦略を考えられるんですよね。〔5〕

文芸の編集者は、いかに人に出会って寄り添っていけるかだと思います。新しい書き手も大御所の方でも、更なる作品を引きだせるかどうか。作家に出会い、その人がいい作品をつくり上げるためにできる限りの協力をし、その本をいかに広げられるか。作品が売れるイコール読者に伝わることは、作家にも出版社にもベストであることは間違いない。作家の一番の理解者であり、マーケティングの戦略家としても存在する、編集者って、そんな仕事だと思います。

〔5〕『東京タワー　オカンとボクと、時々、オトン』（リリー・フランキー著）も担当しました。リリーさんはイラストレーターやエッセイストとして活躍されていましたが、小説もきっと響くはずで、もっとたくさんの人に知ってもらいたかった。このときはサイン会も、全国50ヶ所以上と、たくさんの場所で行っていただきました。そして、「地方で売る」に加えて「本屋に行かない人に売る」という戦略もありました。作家や書店員の感想を載せた小冊子をつくり、本屋以外の場所、クラブやカフェなどでも配りました。（田中）

新書のタイトルはこう決まる

柿内芳文

元光文社　新書編集者

１９７８年生まれ。２００２年慶應義塾大学卒業後、光文社入社。以来、新書編集部に在籍し数々のヒット作を生み出す。担当した新書に『さおだけ屋はなぜ潰れないのか?』『食い逃げされてもバイトは雇うな』『「食い逃げされてもバイトは雇うな」なんて大間違い』『９９・９％は仮説』『若者はなぜ３年で辞めるのか?』『４-２-３-１』『江戸三〇〇藩 最後の藩主』『就活のバカヤロー』『ウェブはバカと暇人のもの』などがある。２０１０年９月から、星海社シニアエディター。星海社は講談社１００％出資の子会社で２０１０年４月設立。編集力を武器にウェブ、商品開発、海外進出など、新しいビジネスを模索している。

タイトル付けの4つの指標

『さおだけ屋はなぜ潰れないのか？』『99・9%は仮説』『就活のバカヤロー』『若者はなぜ3年で辞めるのか？』『4‐2‐3‐1』『ウェブはバカと暇人のもの』……など、これまでに僕が編集を担当してタイトルを付けた新書です。[1] おかげさまでどれもヒットしていて、「タイトルの付け方のコツは？」と聞かれることも多いのですが、何も特別なことはやっていません。ひらめきとか絶対法則があるわけではなく、じゃあタイトルを付けるとき、それぞれ具体的にはどんなことを考えているのかといえば、参考にしている4つの指標があります。

①身近度　②中身度　③対話度　④衝撃度

どれも当たり前のことなのですが、それぞれ簡単に説明したいと思います。

まず「①身近度」ですが、これは「タイトルに使われる言葉や表現が、自分の半径5メートル以内にあるかどうか」ということ。聞いたこともない言葉や、普段あまり使わないような表現では、読者の心に届かないと思っています。なので、タイトルにはなるべく普段使いの言葉や表現を用いようと心がけています。

〔1〕かつて「岩波新書」「中公新書」「講談社現代新書」が「御三家」と呼ばれた時代を経て、90年代半ばから「ちくま新書」「平凡社新書」「集英社新書」など新規が続々と参入を開始。00年代以降も増え続け、文化や経済、社会問題を扱った「教養新書ブーム」のピークである2006年には新書の年間販売金額が2百億円にも達した。そもそも新書はコストが安く、同じフォーマットで出し続けられ、書店の棚が確保しやすいという、出版社にとってメリットのある商品。年間8万点以上もの新刊本が取次業者から書店に届くなか、新書はどの棚に置けばよいかがわかりやすく、書店側にとっても便利な存在であった。しかし「新書飽和状態」に陥った2008年には、出版点数は増え続ける一方、販売金額は142億円にまで急減。ミリオンセラーが出づらい状況が続いている。光文社新書の刊行が始まったのは2000年のこと。「月の刊行点数は編集部全体で4～5点。初版の発行部数は平均すると1万2千～5千部。自分のなかの基準としては、最低2万部、10年店頭で耐えうるものをつくりたいと思っています」(柿内)

出版社の新聞広告には、「売れています！」という意味で、よく「増刷出来」という言葉が使われますが、僕にとってみれば身近度の低い言葉です。日常会話で「〇〇出来」という表現を使うことはありませんよね。ほとんど業界用語です。自分が担当した本を宣伝するときには、この言葉は使わないようにしています。

次に「②中身度」。これはもう言葉通りで、「タイトルが本の中身（内容）を表しているかどうか」。当たり前のことのように思えますが、案外忘れがちな指標です。どんなに面白いタイトルでも、本の中身がまるで想像できなければ、それはインパクト狙いの奇をてらったものになってしまうでしょう。これは、他の指標を支える「土台」とも言える指標です。

そして「③対話度」。僕は4つの指標のなかで、これをもっとも強く意識しています。「タイトルを通して、読者と対話ができるかどうか」。言い換えれば、タイトルを目にした読者が「どうしてだろう？」と不思議に思ったり、「よくぞ言ってくれた！」と快哉を叫んだり、「俺はそうは思わないぞ!?」と反論したりすることができるかどうか、ということです。

つまり、読者にツッコミを入れてもらうイメージですね。ツッコミを入れるという行為は、すでにその本に興味を持ってくれた証拠です。手に取ってもらうことが期待できます。

コツは、タイトルに「余白」を残しておくことです。②の中身度も確かに大事なのですが、だからといって説明しすぎるのは良くないと思っています。読者に考えてもらうきっかけを与えることができれば、成功です。

最後が「④衝撃度」。店頭でスルーされてしまわないよう、タイトルには何かしらの「引っかかり」を持たせたいものです。インパクトとも言えるでしょう。対話度と似ているのですが、衝撃度はより「言葉」や「表現」に焦点を当てた指標です。たとえば、「さおだけ屋」「バカと暇人」「バカヤロー」などといった言葉をタイトルに使うことで、衝撃度が増します。

さて、以上の4つの指標をもとにして、いつもタイトルを考えているわけですが、一つだけ言いたいことがあります。それは、タイトルでインパクトを狙いすぎてはダメだということです。

僕が担当する本は、「インパクト狙い」だと批判されることもあるのですが、狙ってタイトルを付けたことはほとんどありません。本の「セリングポイント（売り）」を抽出し、4つの指標をにらみながら、その本にとってもっとも良いタイトル、想定する読者が手に取ってくれそうなタイトルはなんだろうと徹底的に考えていけば、自然に「これだ！」というタイトルに辿りつくものです。

順番を間違えてはいけない、と常に自戒しています。最初からインパクトを狙

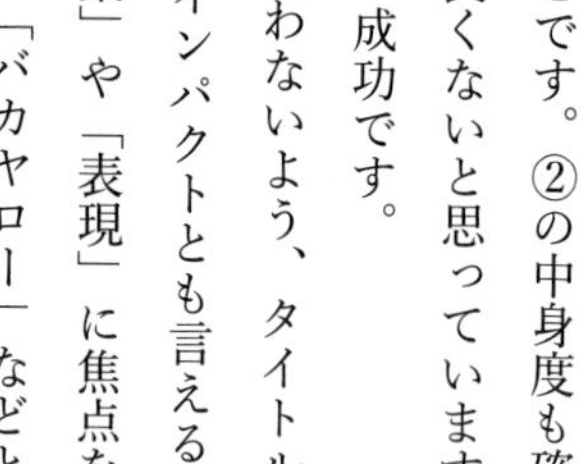

僕がよく使うのが、タイトルに数字を入れることです。「すべては仮説」と「99・9%は仮説」では、どちらに引っかかりを感じるでしょうか。また、数字を入れることによって対話度を高めることもできます。「若者はなぜすぐ辞めるのか？」だとピンときませんが、「若者はなぜ3年で辞めるのか？」となると、「なんで2年や4年じゃないの!?」とか「そういえば3年で辞めた加藤ってやつがいたなあ」などといった思いが、読者の頭のなかをかけめぐります。（柿内）

柿内式　部数が伸びるタイトル法

4つの指標のバランスを意識する

① 身近度

半径5メートル以内の話かどうか？

よく使う言葉や表現か？

② 中身度

本の中身がそもそもイメージできるかどうか？

③ 対話度

タイトルを通して読者と対話ができるかどうか？

突っ込みどころはあるか？

④ 衝撃度

何かしらの引っかかりがあるかどうか？

インパクトはあるか？

うのではなく、結果としてインパクトが出る。タイトルというのはそういうものではないでしょうか。僕はそう考えています。例を挙げてみましょう。

①『さおだけ屋はなぜ潰れないのか?』《身近度9 中身度6 対話度10 衝撃度10》

身近度は、このタイトルを見たときに誰もが「た〜けや〜、さおだけ〜♪」のメロディと軽トラ姿を思い浮かべると思うので、9ポイントと高いです。日常生活ではほとんど使われないのに、抜群の身近度がある言葉、それが「さおだけ屋」です。

対話度は満点の10ポイント。さおだけ屋って僕らが子どもの頃からいましたけど、謎の商売でした。誰かが買っているところを見たことがないのに、いまだに商売として存在している。「なんで潰れないんだろう?」「そもそもどうして『さおだけ』なの?」って、みんな心の奥底では気になっていたと思います。誰も言葉にしなかっただけで。そういった潜在的な疑問が、このタイトルを見た瞬間に頭のなかをかけめぐる。だから対話度は抜群に高いです。

中身度は、会計の本だということが伝わりにくいので6ポイントです。副題に「身近な疑問からはじめる会計学」と入っているのでそれを読めばわかるのですが、まずメインタイトルを考えるにあたって、これでは何の本かわかりづらいと、

『さおだけ屋はなぜ潰れないのか?―身近な疑問からはじめる会計学』山田真哉・著 2005年2月発売 162万部発行(2010年7月末時点/以下同)

部数が伸びるタイトル事例①

『さおだけ屋はなぜ潰れないのか？』

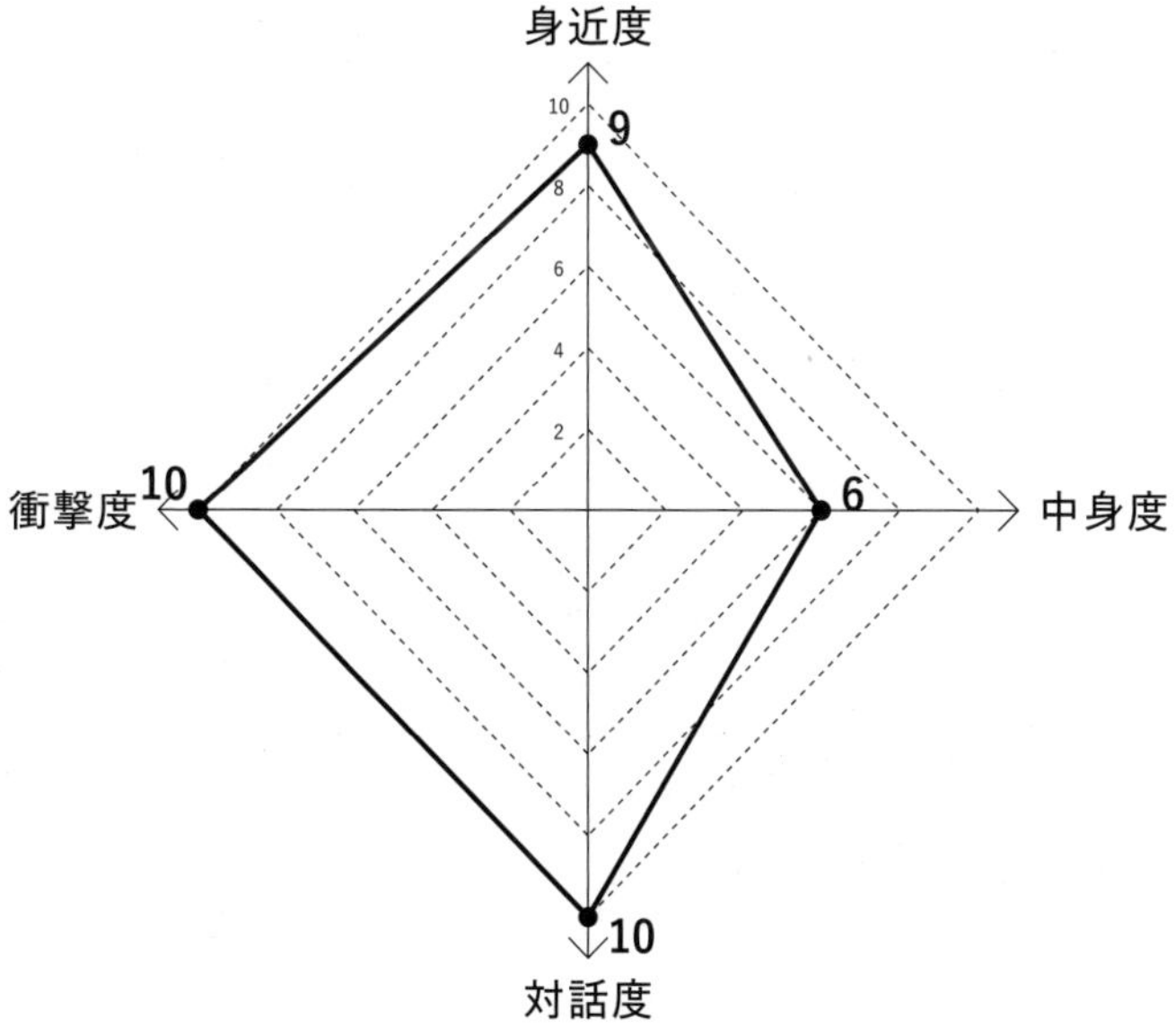

162万部

当時社内で猛反発にあいました。今でこそ、こうしたトーンのタイトルは新書としてベーシックになっていますが、これが出た2005年頃は、もっとかっちりした堅いものが新書らしいタイトルとされていたんです。たとえば「会計学入門」のような。でも、「新書っぽい」とか「ぽくない」とか、型にこだわるのは僕はあまり意味がないと思っていて、これはこれでいいタイトルだと考えて付けました。潰れる・潰れないという話だから、商売周辺のテーマだろうことは最低限伝わりますし。中身度が足りなければ、店頭POPや新聞広告などの宣伝ツールでフォローするような戦略もあると思います。

衝撃度は文句なしの10ポイント。「さおだけ屋×潰れない理由」という組み合わせには抜群のインパクトがあります。

②『食い逃げされてもバイトは雇うな』《身近度5　中身度5　対話度7　衝撃度6》

『さおだけ屋〜』の続編をつくるにあたって、著者と一緒に、「〈なぜ〉という言葉をタイトルに使わない」という縛りを自分たちに課しました。『さおだけ屋〜』がヒットしたあと、『○○はなぜ○○なのか?』というタイトルの本が山のように出たので、絶対にそれは踏襲しないぞ、と。同じことを続けてもつまらないですから。そこで考えて至ったのが、「○○されても○○するな」という命令形。

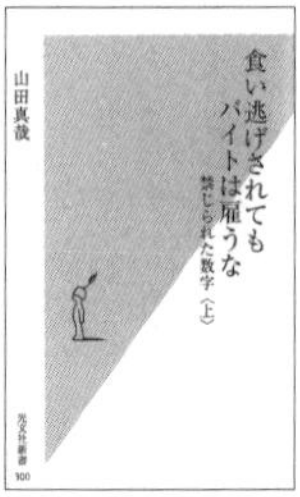

『食い逃げされてもバイトは雇うな—禁じられた数字〈上〉』
山田真哉・著　2007年4月発売
36万部発行

部数が伸びるタイトル事例②

『食い逃げされてもバイトは雇うな』

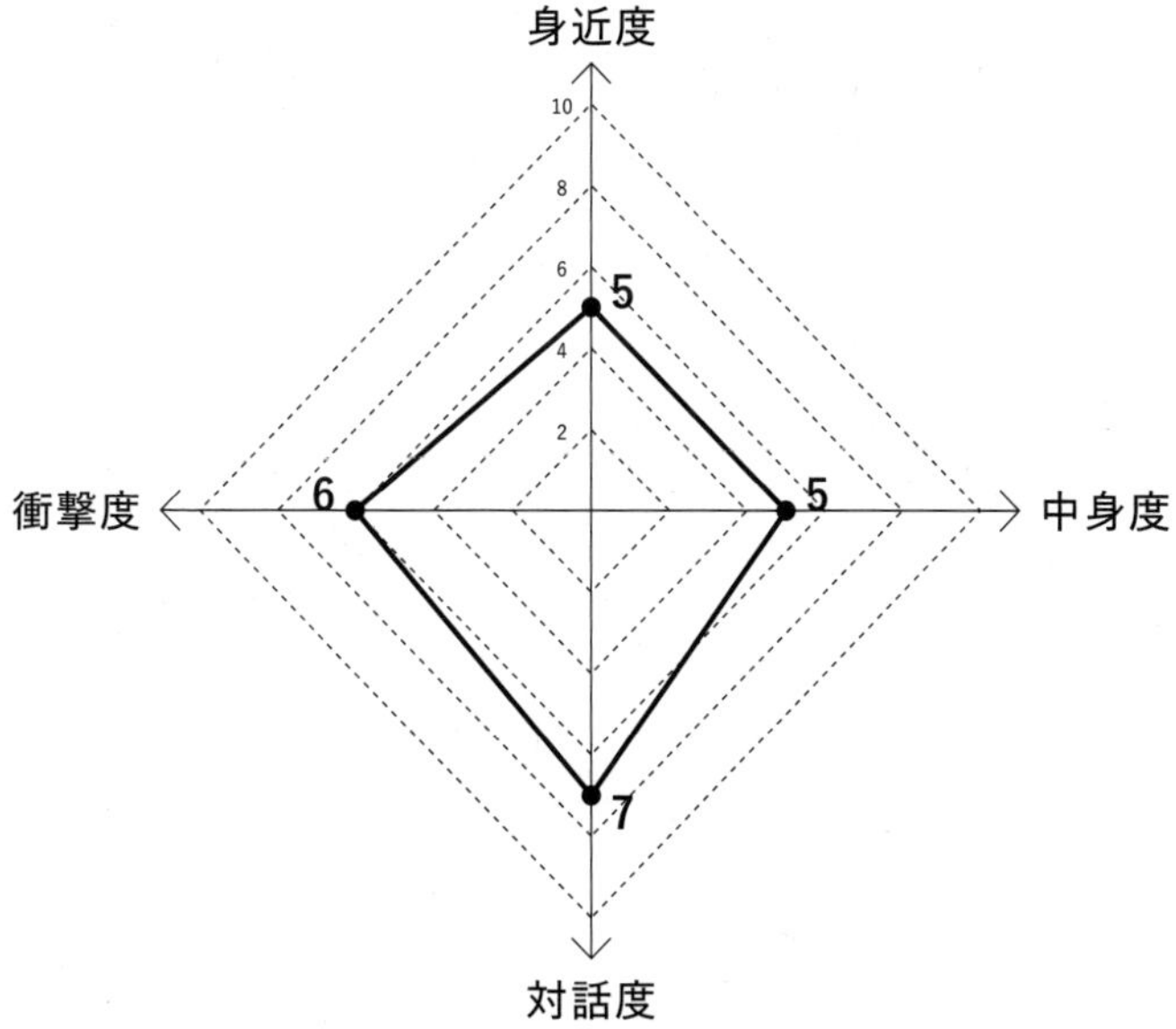

36万部

新しいことにチャレンジしたタイトルでした。

売り出す際に、「さおだけ屋の続編！」という宣伝・販売戦略をしっかり取ることができると踏んでいたので、身近度と中身度は多少低くても構わないだろうと考えました。

対話度は7。「食い逃げされてもバイトは雇うな」ってどういうこと？　という疑問が頭をもたげます。衝撃度は6。命令形は強い表現なのでインパクトがありますし、「食い逃げ」という言葉は「さおだけ屋」と同様に昭和的な匂いをかもしだしていて、興味をひかれます。

③『「食い逃げされてもバイトは雇うな」なんて大間違い』

《身近度５　中身度５　対話度８　衝撃度９》

さおだけ3部作の完結編であり、『食い逃げされてもバイトは雇うな』の続編です（正確には、上下巻の下巻）。自分の出した本を1年以内に全否定する、そんなものはこれまでになかったと思います。このタイトルを見たら、誰でも「おい！」とツッコミを入れたくなりますよね。そこで、対話度は前作より少し上がり、衝撃度に関してはグッと上がります。

ちょっとふざけているようにも見えるんですが、著者は「会計の二面性」とい

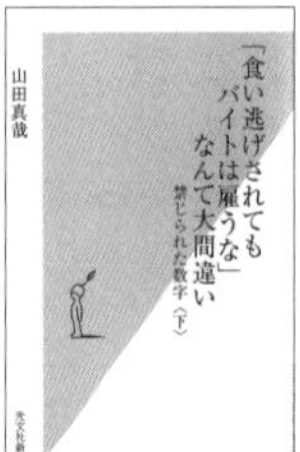

『「食い逃げされてもバイトは雇うな」なんて大間違い―禁じられた数字〈下〉』
山田真哉・著　2008年2月発売
17万部発行

部数が伸びるタイトル事例③

『「食い逃げされてもバイトは雇うな」なんて大間違い』

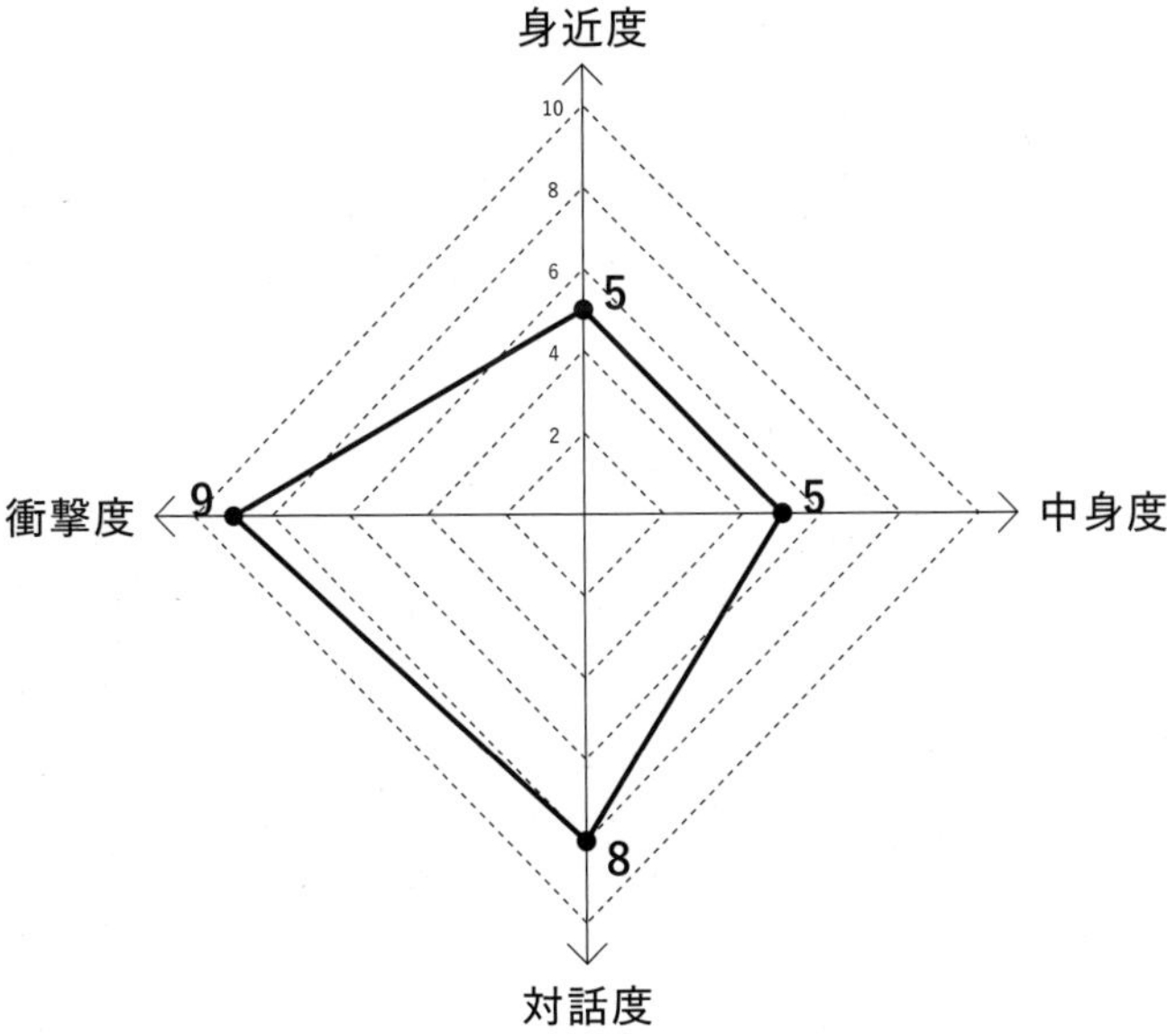

17万部

うものを伝えたかったんです。『さおだけ屋〜』が売れたことによって関連本がたくさん出て、「会計がわかればビジネスがわかる」みたいな流れになってしまったことに、実は著者自身が強い違和感と危機感を覚えていました。会計というものが会社経営を駄目にしている場合もあるのに、会計がもてはやされすぎている、と。そういった「会計信仰」にNOをつきつけたのが、この上下巻です。上巻で会計のプラス面、下巻で会計のマイナス面を語っています。

　正反対の主張を両方取り入れることで、会計と適切な距離をとってもらいたいという思いが込められたタイトルです。読んでもらわないとそこまではわかりづらいという点で中身度は低いのですが、「なんて大間違い」というタイトルは、僕からするとすごく実直なタイトルでした。しかし、インパクト狙いと思われたのか、社内では『さおだけ屋〜』以上の反発にあい、社長からもタイトルを変えろという指令がくだる始末……（でも押し通しました）。それくらい、このタイトルの持つ衝撃度は強かったということです。

④『若者はなぜ3年で辞めるのか？』《身近度8　中身度8　対話度8　衝撃度6》

　これはバランスがいいタイトルでした。もともと『若者はなぜすぐ会社を辞めるのか？』というタイトルで進めていた企画ですが、「すぐ」ではちょっとイメー

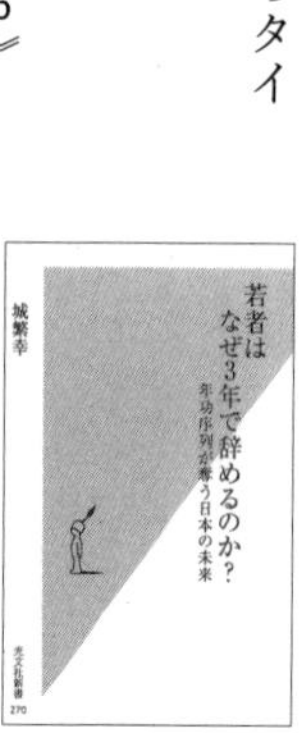

『若者はなぜ3年で辞めるのか？―年功序列が奪う日本の未来』
城繁幸・著　2006年9月発売
38・7万部発行

部数が伸びるタイトル事例④

『若者はなぜ3年で辞めるのか？』

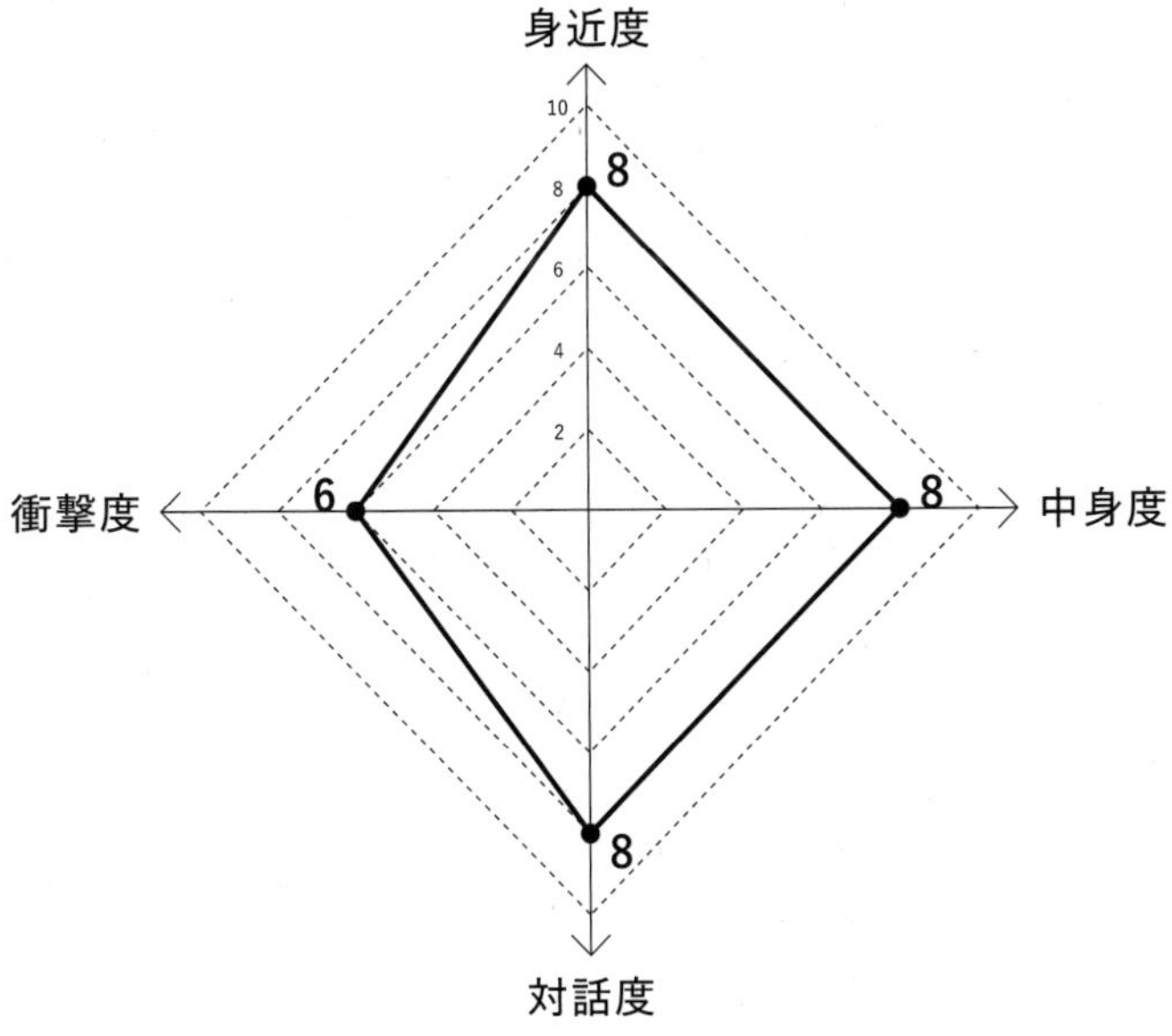

38.7万部

ジが湧きづらかった。そこに「3年」という具体性が入ることで、「そういえば加藤も3年で辞めたっけ……」などと顔が浮かんでくる。で、共感度が高まって、身近な問題にも感じ、思わず上司も手に取ってしまう。

実は、統計的に「3年で辞める」という裏付けはないのですが、「石の上にも3年」という表現があるように、我慢がきかないことを象徴する数字であるだけでなく、「桃栗3年」とか、中学も高校も3年間だったりと、日本人にとって「3年」という言葉はとても身近なものだったので、ぜひタイトルに使いたいなと思いました。著者の方は「3年」と限定することに少し消極的だったのですが、「3年」ということでその周りで対話が起こるんです、と説得しました。

疑問形であることも、対話度を高くしています。

⑤『4-2-3-1』《身近度2　中身度2　対話度7　衝撃度9
（サッカー好きにとっては、身近度10　中身度10）》

これは、サッカーのフォーメーション（布陣）についての本。「4-2-3-1」というのはその一種です。数字だけのタイトルというのは新書では前代未聞なので（一般書でも『一九八四（年）』など極めて稀《まれ》）、衝撃度は高い。しかし、身近度と中身度は極端に低くて、タイトルを見てもなんの本なのかまったくわからな

『4-2-3-1 ―サッカーを戦術から理解する』
杉山茂樹・著　2008年3月発売
11・5万部発行

部数が伸びるタイトル事例⑤

『4 − 2 − 3 − 1』

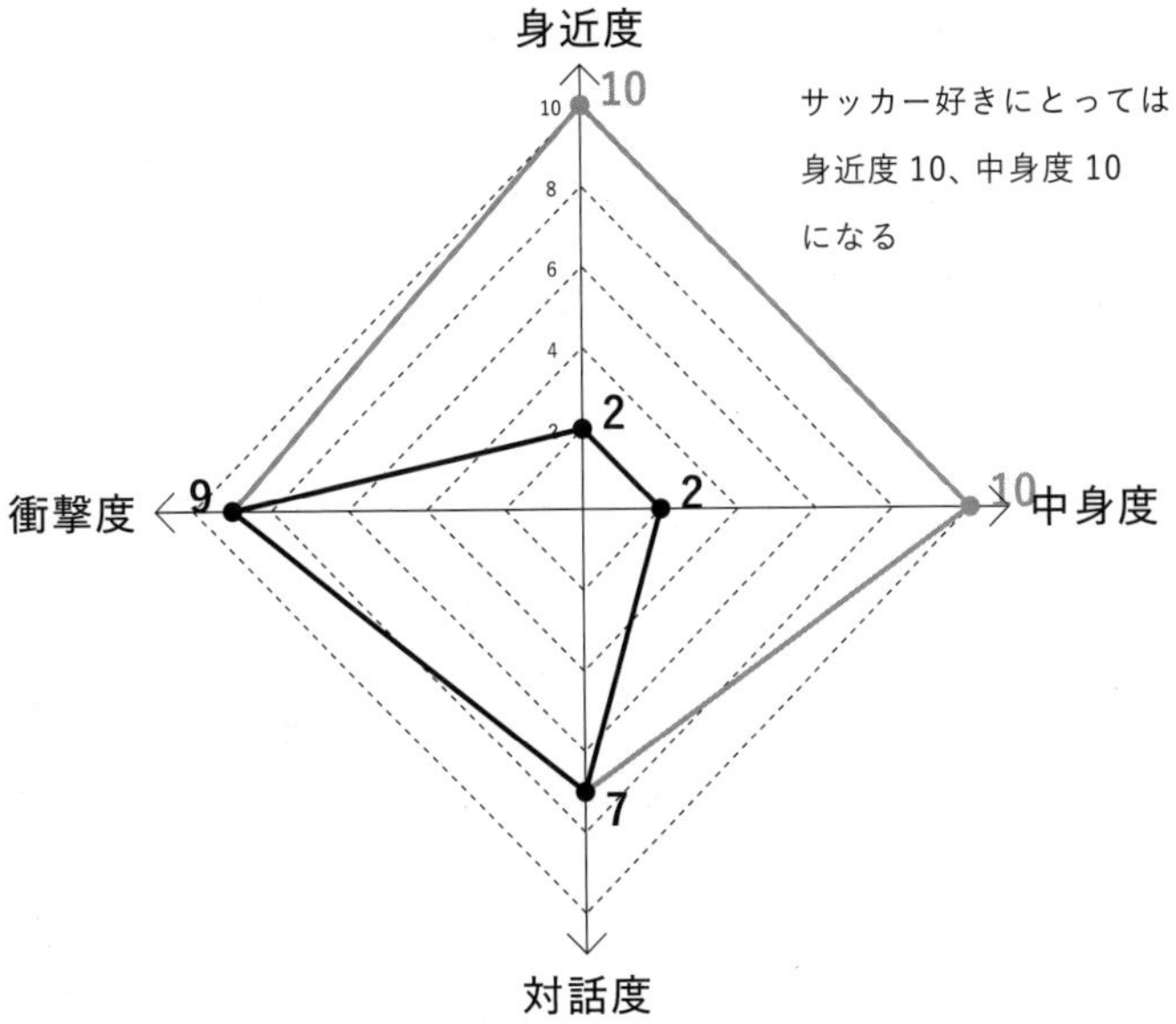

11.5 万部

い人もたくさんいると思います。当然、社内でも反対されました。

でも、サッカー好きなら、このタイトルを見た瞬間に「布陣の本だ！」と一発でわかります。なので、サッカー好きに限っていえば、身近度と中身度は満点の10ポイントになります。

男性サッカーファンというのは理屈屋で、「4-3-3」とか「3-4-1-2」とか、戦術・戦略系の数字に弱いんですよね。自分ならこの選手を使ってこう布陣を組みたいとか、監督目線の人が実に多い。だから僕としては、このタイトルにすればターゲットにピンポイントで届くと思いました。「こういう本を待っていた！」って。極端にいえば、このタイトルを見てピンとこない人には一切読まれなくていい、という覚悟で付けたタイトルです。

⑥『就活のバカヤロー』《身近度9　中身度9　対話度9　衝撃度9》

うまく付けることができたタイトルです。約50社受けてほぼ全滅、大学4年生の秋にようやく内定が出たという、まさに僕自身が就職活動中に心の底から感じていた不満や鬱憤をそのままタイトルにしました。大学生から圧倒的に支持されていて、大学生協ですごく売れています。

オール9ポイント。想定読者の就活生にとっては思いっきり身近な話題ですし、

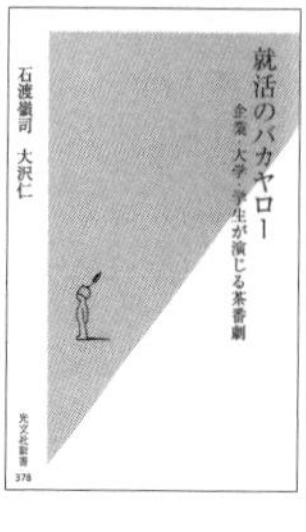

『就活のバカヤロー　―企業・大学・学生が演じる茶番劇』石渡嶺司　大沢仁・著　2008年11月発売　11万部発行

部数が伸びるタイトル事例⑥

『就活のバカヤロー』

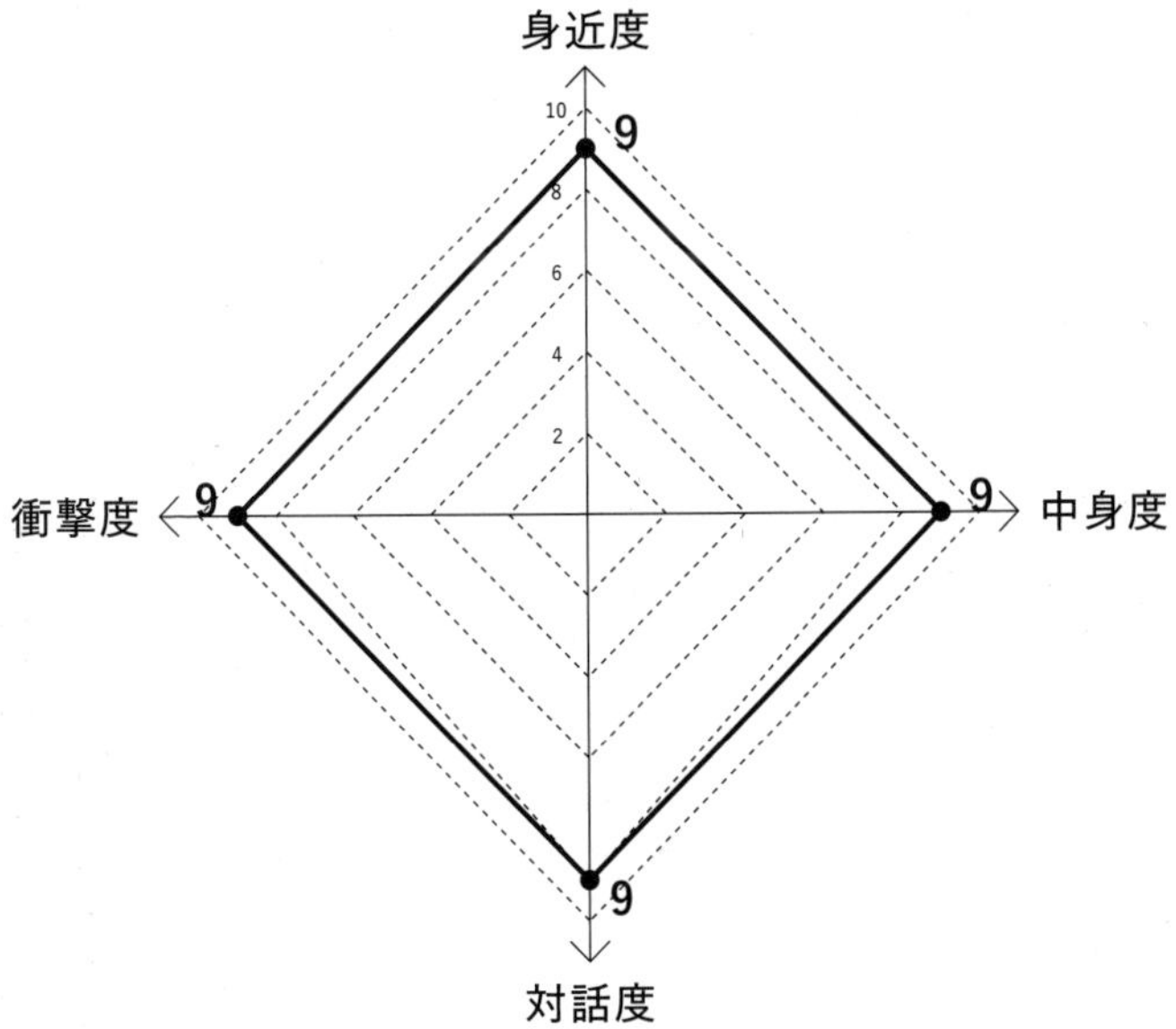

11万部

就活を否定的に捉えた本だということも十分伝わる。そして、バカヤローという言葉はものすごくインパクトが強く、「その通り！　よくぞ言ってくれた」といった対話も起こる。

タイトルとしては、文句なしの自信作です。

編集者のエゴをあぶりだすための「タイトル4指標」

タイトルは新書にとって、それ自体が広告であると思っています。書店で一番最初に読者の目に留まる部分ですから。そして、タイトルを広告として捉えてみると、そこで使われるコピーというのは、やはり日常的な言葉で語られつつ、なるべく抽象度を排し、それでいてどこか引っかかるものがなくてはいけない。編集者は、その本のセリングポイントを一番効果的にアピールできるタイトル、広告的機能を持ったタイトルを考える。僕の場合、そのための「身近度」「中身度」「対話度」「衝撃度」という4つの指標なわけですが、そう考えるようになったのには、あるきっかけがありました。

『地団駄は島根で踏め』（わぐりたかし・著）。これは言葉の語源を扱った本なのですが、他の語源本と違うところは、実際に著者が語源の地にまで足を運び、語源を「体験する」という、まさに現場主義に根差しているところです。

たとえば、「ごり押し」という言葉は金沢の伝統的な「ごり押し漁」から生まれたと言われているのですが、廃れてしまっていまや誰も行っていないその漁を、金沢漁業組合の方に2年間お願いして（まさにごり押しして）復活していただき、実際に著者自身が経験してみる――そういった「行って見て触《さわ》れる」語源の旅を提唱した一冊です。

タイトルを付けるにあたってはいろいろ考えたのですが、「島根」と「地団駄」の組み合わせは面白いじゃないか！　と直感的にひらめいたので、このタイトルにしました。かつて島根の奥出雲地方では製鉄が盛んで、その現場で使われていた足踏み式の送風装置の「地踏鞴《じだたら》」が変化して「地団駄」になったと言われています。

島根は47都道府県のなかで一番知名度が低いと言われる県。そのマイナー感と「地団駄」という言葉の響きが組み合わさることで読者の興味を引くことができるだろうと考えたのですが、これがもう本当に裏目に出ました。

売上げがたいして上がらないだけでなく、「島根県の本だと思った」とか「せっかく内容が面白いのにタイトルで損をしている」など、タイトルに対する評判も散々。どこか自分のなかで奢りがあったのだと思います。「自分の直感は正しいに決まっている」と。

しかし、刊行後に改めて本屋で『地団駄は〜』を見てみると、まず漢字だらけで視覚的に目に飛び込んでこない。何より「地団駄」は日常的に目にする言葉ではないので、見た瞬間に「?」となる。「じだんだ」という音につながるまでに時間がかかったのです。僕が面白いと感じていたのは「じだんだ」という濁音だらけの発音であって、「地団駄」という漢字（字面《じづら》）ではないと、そのとき初めて気付きました。

面白いと思ったのは自分だけ。読者の視点に立てていない、編集者のエゴ丸出しのタイトルでした。著者も自分もすごく力を入れた本なのに、タイトルのせいで売れなかった。悔しかったですね。それまではわりと感覚的にタイトルを付けていたところもあったのですが、これはちょっと考え直さなければ、と思いました。そこで出てきたのが、例の4つの指標です。

『非属の才能』（山田玲司・著）という本も、タイトル付けに悔いが残る本です。売上としては4・8万部までいったので悪くないのですが、でも「10万部売れなかったら旅に出ます！」と上司に宣言していたくらい内容に自信があったので、その部数では全然足りません。

「非属」というのは、「（精神的に）属さない、群れない」という生き方を表した著者の造語です。なかなか良い言葉だと思い、そのままタイトルに使ったのですが、タイトルとしてはニュアンスが伝わりづらかったかもしれません。

タイトルで造語を使うなら、すでにあるものに「乗っかる」必要がありました。たとえば、『下流社会』（三浦展・著　光文社新書）はすばらしい造語です。もともと「上流」「中流」まではみんな使っていました。なのに誰も「下流」とは言っていなくて、それをタイトルにしたからヒットした。「婚活」「草食男子」「勝ち組」なども、全然特殊な言葉ではないですよね。もともとある言葉の組み合わせだったり、視点を少しズラしたものだったりします。そこが「非属」との決定的な違いです。『非属の才能』もやはり、どこか編集者のエゴが垣間見えるタイトルでした。

ちなみに、「勝ち組」「負け組」、「草食男子」「肉食女子」などという造語の場合、自分はどっち？　あの人はどっち？　などという「対話」が生まれるので、そういう言葉は一気に広がっていきます。日常会話に使われる言葉が一番強いです。

僕が今、造語をつくるなら、その言葉が「週刊ＳＰＡ！」の特集記事に取り上げられるのを想定しながら考えるでしょうね。「あなたの周りの草食男子との付き合い方」なんて感じで取り上げられるイメージです。

造語のキーは「編集力」

すでにある
キーワード

× 編集力 ＝

ちょっと
気になる
キーワード

ex）就活 × 編集力 ＝ 婚活

企画は日常の欲求不満の延長線上にある

普段から言葉に対しては敏感でいるようにしていますが、かといって必死にコピーライトの専門誌を読んだりしているわけではありません。本当に単純なことです。ふと目に入った言葉を「懐かしいな」と感じたり、「飴と鞭」が「雨と無知」と誤変換されたら「面白い！　小説のタイトルになりそうだ」とメモを取ったり、レコード屋で「ギター殺人者の凱旋」というアルバムが目に入ったら「なんじゃそりゃ」とツッコミを入れたり……。日常生活のなかで接する言葉にこそ刺激を受けるし、そこからしかコピーは生まれないと考えています。だから、ブレーンストーミングみたいなことは一切やっていません。

くり返しになりますが、『就活のバカヤロー』は、僕が「就職活動をしているときは本当にバカヤローって叫びたかった」と著者と飲んでいるときにふと呟いたひと言がきっかけで、タイトルになりました。最初は著者と「就活の本をつくりましょう」くらいに話していたのが、「バカヤロー」というキーワードが出てきたことで一気に企画が動き出したのです。

タイトルの付け方と同じくらい、「企画の情報源は？」と聞かれますが、これもやはり日常生活の延長線上にしかありません。先輩との世間話や飲み屋で出てきた与太話だったり、ご飯を食べながら韓国料理のチヂミとお好み焼きのルーツについて想像を膨らませることだったり、通勤ラッシュにもまれながら、優先席付近では携帯の電磁波が問題になるけど電車自体が発する電磁波はどうなのかな、と疑問に思ったり……。企画術の本を読んでいるとか、セミナーや勉強会に行っているとか、そういうのは一切なくて、普通のサラリーマンとして普通に生活していくなかでの「ふとした疑問」と「喜怒哀楽」——企画というのはそのなかにしかないと強く思っています。

たとえば『99・9%は仮説』は、日常生活上のふとしたことがきっかけで生まれた本です。あるとき、飛行機の本をつくっている先輩から「飛行機が飛ぶ仕組みは実はまだよくわかっていなくて、仮説なんだって」という話を聞いて、「へー」と思って手帳に「飛行機が飛ぶ仕組み＝仮説」とメモ。ちょうどそのとき、僕は社内の別の部署の人間ともめていて、「なんでそんなに頭がかたいんだ！自分の考えが正しいと思い込んでるけど、そんなの仮説にすぎないじゃないか」と感じていて、その2つがビビッと結びついた。「科学の基本は仮説」というテーマで本をつくって、仮説を定説だと思い込んでいるその「わからずや」に読ませてやろう。そうだ、科学だけじゃなく、コミュニケーション論や人生論にまで話が広がる本にしよう——そんなこんなで、先輩との会話と同僚に対する怒りを

『99・9%は仮説　—思いこみで判断しないための考え方』
竹内薫・著　2006年2月発売
41・9万部発行

きっかけにして、『99・9%は仮説』という本は生まれました。

光文社の2代目社長であり、私が尊敬してやまない編集者・神吉晴夫〔2〕の言葉にこんなものがあります。

「何よりもまず私自身が欲求不満で、なんとかしたい、なんとかなりたいという気持ちがいつも頭のなかにある。それが積もり積もって、読者、消費者の代弁者として、そういう欲求から企画が立つのです——」

僕がつくる本の多くも、そうした自分自身の日常的な欲求不満から生まれています。

有名人より無名人に注目する

本をつくるときのアプローチの仕方には2通りあります。自分が立てた企画と合致した著者にあたる「企画ありき」のケースと、具体的な企画はないけど、面白そうな人だからその人の本をつくりたいという「著者ありき」のケース。

僕の場合は、前者のケースが多いです。たとえば、『江戸三〇〇藩 最後の藩主』は、自分がつねづね読みたいと思っていた企画でした。江戸時代最後の藩主を網羅した本なんですが、薩摩藩や土佐藩などは有名ですけど、旅行や出張で地方に行くと、その土地土地で1万石くらいの知られざる藩がけっこうあるんですよね。

〔2〕 神吉晴夫（かんきはるお 1901・77）。光文社2代目社長。後に、かんき出版社長。「創作出版論」を唱え、カッパ・ブックスシリーズを創始。『冠婚葬祭入門』『頭の体操』などのヒット作を連発し、ノンフィクションブームを巻き起こす。戦後最大の出版プロデューサーとも言われている。1961年に発売された『英語に強くなる本』は3ヶ月で100万部を超える記録的ベストセラーに。「20万部突破―〝パンのように売れる〟と評判」「25万部突破―〝1分間に1冊売れる〟」など、消費者としての読者の心を掴むコピーで新聞広告を多用し、現代にも通じる編集手法・広告手法の基礎を築いた。（写真提供／かんき出版「光文社新書はカッパ・ブックスの後継ブランドであり、神吉氏のフィロソフィーが流れています」（柿内）

そういうところの殿様って、幕末の動乱期に何をしていたんだろうと昔から思っていて。そんなときに本屋さんで殿様のうんちくについて書かれた本を見つけて、「この著者なら書けるかも」とアプローチしました。

一方、『さおだけ屋〜』は後者のケースで、著者の山田真哉さんはそれまで自費出版で本を出されていた方でした。僕のほうは会計モノをやりたいなと漠然と思っていたくらいで、自分と歳のあまり変わらない若くて面白い会計士がいるというので会ってみたら、意気投合して何かやりましょうとなった。

どちらにしても、「できれば無名の人の考えを一般化させたい」という思いがあります。有名人やすでに売れている著者にわざわざアプローチしなくても、と思う。前述の神吉氏は、「俺は有名人と称する男のおこぼれは頂かぬ、むしろ無名の人を有名に仕あげて見せる」と言っていて、うちの編集部自体にもそういう空気が色濃くあります〔3〕。

出版という仕事は、著者の知名度や出版社の規模にかかわらず、「本（企画）」という同じ土俵で戦うことができるところが特徴です。そういう意味では、二番煎じをつくるより、やはり一番煎じで勝負していきたいという気持ちが、僕自身強くあります。

『江戸三〇〇藩 最後の藩主 ―うちの殿さまは何をした？』八幡和郎・著 2004年3月発売 17万部発行

〔3〕光文社の新書の編集部には8人編集者がいて、それぞれが著者とタッグを組んで本づくりをしています。同時にそれぞれ10〜20点くらいの企画を抱えていて、それを編集部全体で、月に4〜5点ずつ刊行するのが平均です。（柿内）

本づくりはフリースタイル

編集という仕事は何かと考えたとき、レゴ遊びと似てるな、という思いがあります。レゴって、たとえば飛行機用のパッケージに入っているブロックは決まっているんだけど、まったく同じ素材で全然違うものをつくることだってできるわけです。組み合わせれば、お城だって恐竜だってなんだってつくれる。型があるようで、実はない。

編集も同じです。素材は同じでも、編集者によって、著者によって、まったく違う本になる。そこに、レゴに夢中になった幼少期を超える面白味があります。

すでに述べたように、『さおだけ屋はなぜ潰れないのか?』『「食い逃げされてもバイトは雇うな」なんて大間違い』『4－2－3－1』は、タイトルを付けるにあたって社内でかなりの反発にあいました。型や前例にこだわるのであれば当然の反応だと思いますが、僕はあまりそういったものにはこだわらないタイプです。レゴの精神があるのでしょうか。

たとえば『ウェブはバカと暇人のもの』という本では、冒頭のページをスポーツ新聞風の「おちゃらけページ」にしました。いわゆる普通の新書っぽくはありませんよね。でも、本ってふと立ち読みした人が買ってくれるものだから、「つ

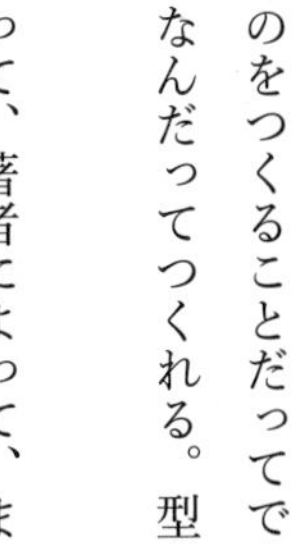

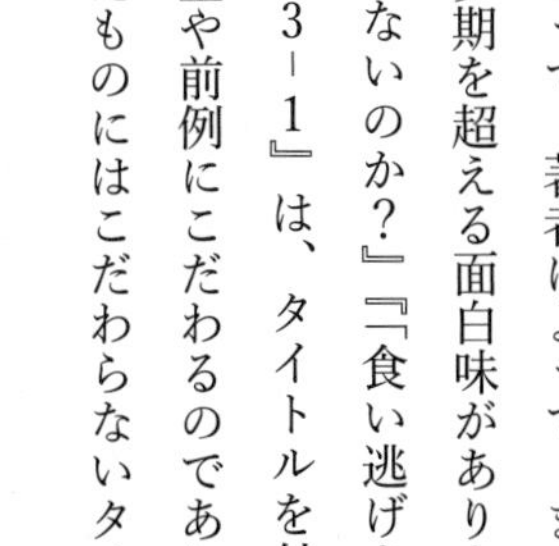

『ウェブはバカと暇人のもの―現場からのネット敗北宣言』（中川淳一郎・著）の冒頭、扉ページを開くと実際にネット上で話題になった事件がスポーツ新聞風に掲載されている。

かみ」は大切だと思うんです。

『地団駄は島根で踏め』では、冒頭に著者が実際に「地団駄を踏んでいる」写真を載せ、巻末には続編をつくる予定もないのに「次回作予告」を載せました。これは、著者が放送作家だったので、テレビ番組を意識した構成です。冒頭のページは「このあと6時半からサザエさんが始まるよ〜」、巻末は「さーて、来週のサザエさんは……」という感じです。はっきり言って、遊んでいます。つくっている僕自身が一番楽しんでいますから。

また『99・9%は仮説』では、つかみとして、ひっくり返した世界地図を見開きで載せ、読者の「頭のかたさ」を試しました。これは、僕がオーストラリアに旅行に行ったときに現地で購入した地図がもととなっています。

「もっと改善できないのかな」

新書というのは、先述したようにパッケージは決まっていますが、中身は実はフリースタイルで、「もっと面白くできないかな」とか「何か新しいことはできないかな」などと創意工夫するのが習慣になっています。これは日常生活にも派生していて、「もっと改善できるだろ」「これってもっとこうならないものかなあ」

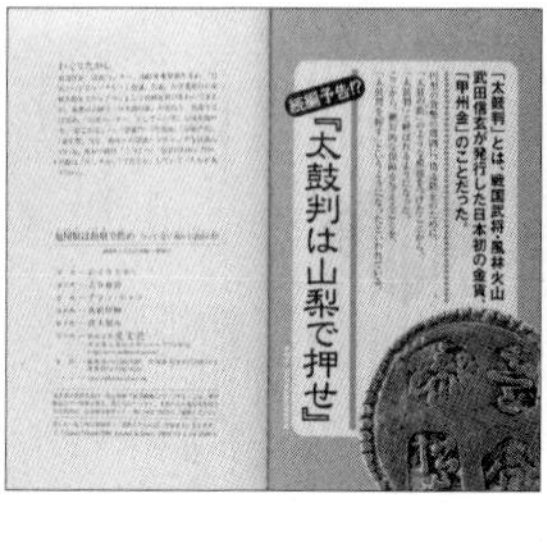

『地団駄は島根で踏め　―行って・見て・触れる《語源の旅》』（わぐりたかし・著）では、著者が島根に行って「地団駄」を踏んでいる姿が。巻末には「続編予告!?」として「太鼓判は山梨で押せ」。「太鼓判とは武田信玄が発行した日本初の金貨のこと」の解説付き。

などと普段からつい考えてしまう。

たとえばタクシー。晴れた昼間だと、空車マークって見えづらいことが多いですよね。止めようと思って手を挙げたのに、空車じゃなかった……。そういうとき、挙げた右手をどのタイミングで下ろせばいいのか、いつも逡巡してしまいます。恥ずかしい思いをします。で、これだけタクシー会社があって、なんで一社も空車の表示を大きくしようと思わないのか、実に不思議です。それから、初乗り（都内の初乗りはだいたい７１０円）で乗ったとき、１０００円を出して２９０円がすぐに返ってくるタクシーって、20台に1台くらいです。なぜ用意してないのでしょうか。レシートをもらうときも、小銭と一緒に渡されることが多いんですが、別々に渡してくれたほうが取りやすいし、腕をねじりながら渡されると、もっと効率的な渡し方があるはずだと運転手さんに言ってしまう。もう、挙げたらキリがないんですけど、もし僕がタクシー運転手をやるのであれば、すぐにそういうところに目がいって改善することから始めると思うんです。

一種の「編集的視点」だと思うんですが、実はこれは普遍的な視点であって、どんな商売にも、更に言えば人生にとっても必要不可欠な視点なのかな、と思ったりもします。

僕は、もちろん本は好きですが、映画とかサーフィンとか、本以外のことのほ

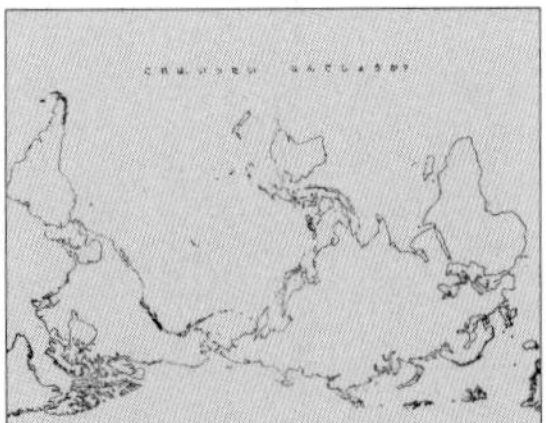

『99・9%は仮説 ―思いこみで判断しないための考え方』(竹内薫・著)には、「いきなりですが、あなたの頭はどれくらい柔らかいですか？つぎのページの問題にチャレンジしてみてください―これは、いったいなんでしょうか?」の「つかみ」。

うが好きです。今は出版社のサラリーマンだから仕事として本をつくっていますが、銀行に勤めていたら、ぜんぜん違うことをしていたと思います。働く場所や分野はあまり重要じゃなくて、大事なのは視点。それも、柔軟な視点です。「新書」であることや「本」であること、そして「○○」であることに固執しすぎると、何でもその枠組みのなかでしか考えることができなくなってしまうと思っています。

本って、そんなに後生大事にとっておくものじゃなくて、読んだ瞬間が楽しければいいと思うんですよね。ラーメンを食べたときに、あとで何度も反芻して、「あのラーメンは素晴らしかった」とか「家にあの器をとっておきたい」とかってあまり思わないじゃないですか。普通は「ああ、うまかった。お腹いっぱい」で、また次にお腹すいたら「何食べよう」となる。敢えて言うと、本の価値ってその程度のものなんじゃないかって僕は考えていて、「うまいラーメン屋ないかな?」という感じで新しい本を探す。それで十分だし、そこを目指してつくるのが、編集者の仕事なんだと思っています。

編集者はそんなに偉くないし、本もそんなにすごいものではない。それくらいのスタンスでいるのが、型にハマらない、ちょうどいい「塩梅」なのではないでしょうか。

サイバーエージェント アメーバ事業本部プロデューサー

小澤知子

ユーザーをハマらせる世界をつくる

1981年生まれ。2004年早稲田大学卒業。サイバーエージェント入社後、結婚式場クチコミサイト「ウエディングパーク」立ち上げのため、子会社であるウエディングパークへ出向し、広報、広告宣伝、企画、営業を担当。2008年にサイバーエージェントのAmeba事業本部へ異動、国内最大規模となる女性系CGMサイト「Ameba GG」を立ち上げる。現在は「Amebaブログ」のプロデューサーを務める。

Ａｍｅｂａという「世界」をつくる

Ａｍｅｂａ〔1〕は、インターネットメディアです。Ａｍｅｂａのなかにはいろんなサービスがあって、それぞれがつながり合っていて、一つの「世界」……「世界」と呼んでしまっていいような場を形成しています。その「世界」をプロデュースするのが私の仕事です。Ａｍｅｂａという「世界」にユーザーが訪れる回数や、ユーザーの滞在時間を、いかに増やすか。また、Ａｍｅｂａという世界に新しく来る人を、いかに増やしていくか。それを日々考えてサービスや機能をつくっています。

Ａｍｅｂａという世界のなかにあるいろんなサービスは、それぞれがつながり合うことで相乗効果を生んでいます。Ａｍｅｂａの世界の中心となるブログのサービス「Ａｍｅｂａブログ」や、ニュースサイトの「アメーバニュース」、女性向けのコミュニティサイト「ＡｍｅｂａＧＧ」、アバターという自分の分身のキャラクターをつくって他のユーザーとコミュニケーションができる「アメーバピグ」という仮想空間のサービスなど、サービスの種類はいろいろあります。たとえば「Ａｍｅｂａブログ」のブロガーに「アメーバニュース」というネタを提供することで、それをブログに書いてもらってみんなで共有して楽しむこともで

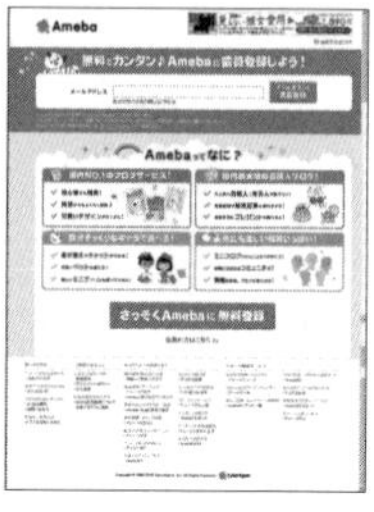

（1）Ａｍｅｂａは、サイバーエージェントが運営するインターネットメディアです。サービスや機能を企画・運営する部署、マーケティングやカスタマーサポートを行う部署、広告商品の販売営業、著名人ブロガーなどのサポートをする部署などで構成されています。Ａｍｅｂａの会員数は１千万人（２０１０年７月９日時点）、芸能人会員が７６５０人（２０１０年７月末時点）。アクセス数は１４６億ＰＶ／月（２０１０年６月実績）です。（小澤）

きる。「ＡｍｅｂａＧＧ」では、同じ趣味を持つ女の子のブロガー同士がつながりを持つこともできる。「アメーバピグ」では仮想空間の街で他のアバターと知り合ってコミュニケーションをしたり、ワンクリックでお互いのブログに行き来し合うこともできる。そうやっていろんなサービスを通じてブロガー同士が知り合いになって、友だちに会うためにまたＡｍｅｂａにやって来る。そんなふうに、サービスを通じてユーザー同士をつなげ、コミュニケーションがとれる世界をつくっています。

更にそれぞれのサービスの周囲にも、より楽しんでもらうための細かい仕掛けを張り巡らせてあります。たとえば「ブログネタ」という、ブログの「お題」をユーザーに紹介してブログ記事を書いてもらうサービスなど。ユーザーの、「こんなものがあったらいいな」「こんなふうだったらもっと楽しめるな」という、もやもやっとした空気を常に読んで、それに応えるサービスを細かい部分までスピーディーに用意することを目指しています。そうして、滞在することが心地良く感じられる世界をつくり続けているんです。

インターネットメディアを運営する、つまり収益を上げるためにＡｍｅｂａでは主に2つのビジネスモデルを展開しています。「広告」と「ユーザー課金」です。どちらのモデルも収益性を高めていくためには、より多くのユーザーに利用して

各サービスが相乗的に機能

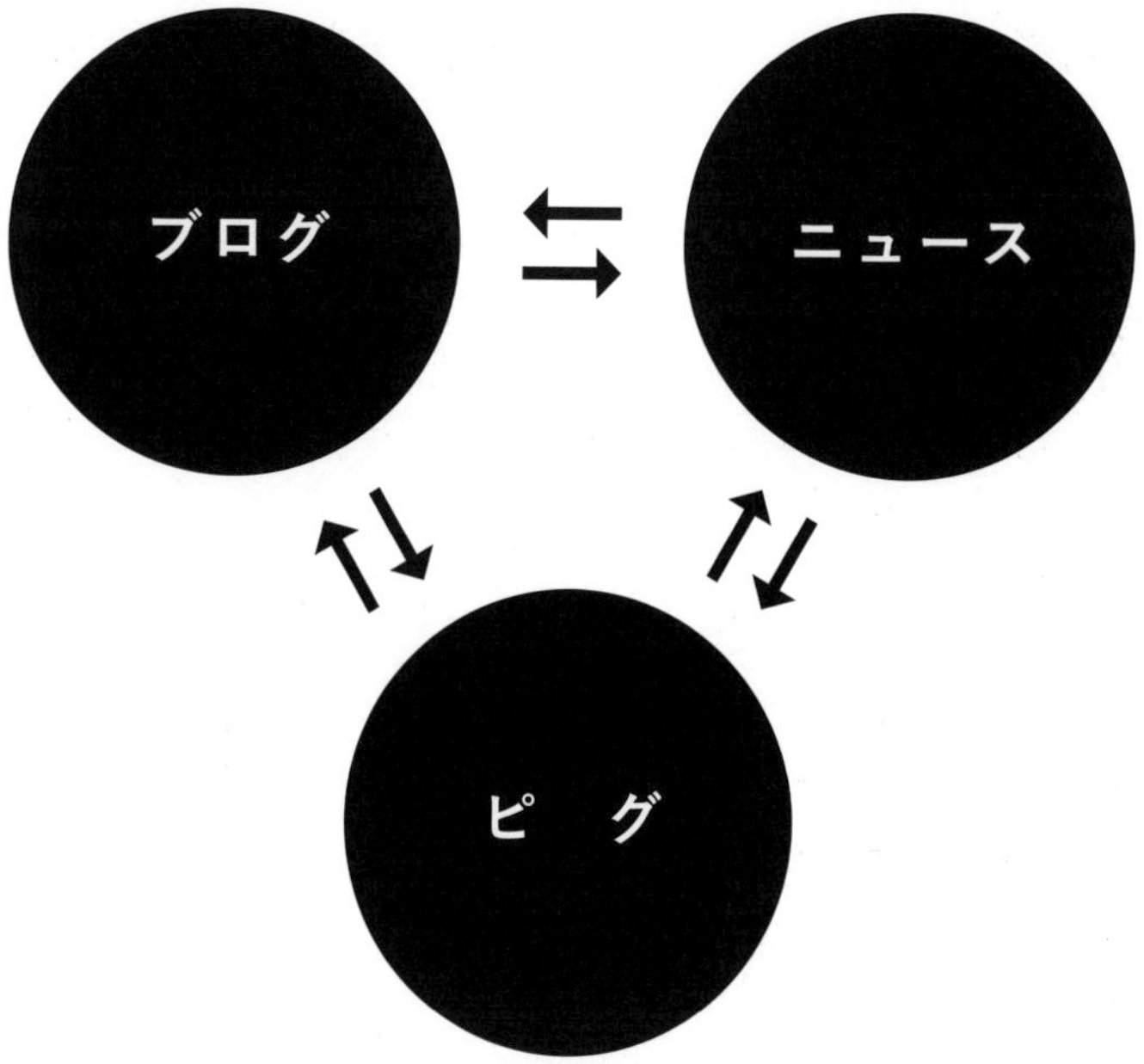

もらうことでメディアの価値を高める必要があります。そのためにはＡｍｅｂａという世界にハマってもらって、何度も来てもらって、Ａｍｅｂａのなかでたくさん動きまわってもらう必要がある。ユーザーが楽しんでハマってくれる仕組みや、ユーザーの求めているサービスを、常に考えています。ユーザーにとって心地よい「世界」をつくることで、メディアの価値が高まり、運営することができるのです。

「広告の出し方」も編集する

Ａｍｅｂａの収益の一つの柱は広告収入です。ユーザーの方にＡｍｅｂａのサービスを使ってもらうことでＰＶが増え、このＰＶが広告収入のベースになります。ネット上には無数の強力なインターネットメディアがあって、そのなかでいかにユーザーに選ばれてＰＶを上げていくか、各サイトがしのぎを削っているわけです。

Ａｍｅｂａ上で展開する広告にはいくつかの種類があるので説明しておきます。一つはインプレッション保証型のバナー広告。これは、ページの上などに表示される画像の広告です。クライアントには「1インプレッション（表示）＝幾ら」

というかたちで販売しています。それから、タイアップ広告。雑誌の編集タイアップに近いものですが、メディアの特性を活かし、コンテンツの一つとして見えるよう、メディア側で編集・制作した広告です。ページの制作費とＰＶに応じた媒体費をクライアントからいただいています。

他に、いわゆるクリック課金型のテキスト広告もあります。たまごかけごはんのニュースの下に「たまごかけごはん用醤油」の広告が出てきたりしますよね。記事のテキストをマイニングして、関連ある広告を表示する。このタイプの広告はユーザーにクリックしてもらって初めて収入を獲得できます。クリック率はほぼ一定なので、この収入を上げるためにもＰＶを上げる必要があります。

これらの広告は、アトランダムに表示されているわけではありません。実は私たちは、ユーザーとの広告の接触機会や、広告の出し方にはすごく気を遣っていて、コントロールをしているのです。

たとえばバナー広告では広告の表示（インプレッション）数を保証していますが、すごく人気の高いコンテンツが一つあったら簡単にＰＶが上がる。それだけで必要な広告のインプレッション数を満たしてしまえるのですが、同じ人が同じ広告を何度も見ている状態になった場合、広告効果は落ちてしまいます。そうならないように、システム上でコントロールして、同じ人に何度も同じ広告を見せないようにしています。

それから、ユーザー属性に合わせた広告を出すということもしています。たとえば、女性にひげ剃りの広告を見せ続けても意味がないわけです。メディア運営側は、そのユーザーが女性だという情報を持っているので、そこには女性向けの広告が出るというような工夫をしています。そんなふうに、裏側で、広告との接触機会を最適化しています。

そして、一番気を遣っているのは、ユーザーの方々にとって不快にならない広告の置き方ですね。ユーザー自身のブログにも、もちろん広告が出るわけです。そこはＡｍｅｂａの世界の一部ではあるけれど、ユーザーにとって、とてもプライベートなスペースでもあるわけです。だからそこに置く広告は、いかにユーザーに嫌がられないように見せるかが本当に大切なんです。広告の数を増やしすぎてしまってはもちろんいけないし、適切な配置やボリューム、見せ方、マッチング方法などを、すごく慎重に考えています。

ユーザーがＡｍｅｂａという世界を心地良く感じなくなってしまったら、絶対にいけない。そこは本当に細かい気配りが必要だと思っていて、常に注意深くバランスを見ながら、ユーザーの気持ちを考えて画面をつくっています。それはもう、広告の見せ方そのものから編集をしているという感覚です。

ブログをどんどん書いてもらうために

Ａｍｅｂａのなかでブログは、ユーザーのホームになっているようなサービスです。ブログがＡｍｅｂａという世界の主軸になるサービスであり、直接的にＰＶを生み出すページですから。

ネット業界全体の流れを見てみると、ポータルサイトではまずヤフーという圧倒的な影響力を持った媒体があります。ヤフーはもう、ネットが一般に普及し始めた２０００年頃から力を蓄えてきている、すごい力を持った媒体ですね。その後Ｇｏｏｇｌｅが出てきて、「自分が探せば何でも見つかる」という、キーワード検索の流れができてきました。そしてそれと並行して「ＣＧＭ」〔2〕といわれる、人の意見を見付けられるような、ブログを中心としたメディアが隆盛してきて、ポータルサイト側が情報を用意しなくても、ユーザーが自主的に情報を生み出してくれる流れができた。それが、２００４年から２００５年頃でしょうか。その流れのなかにＡｍｅｂａもあります。

Ａｍｅｂａのユーザーの方たちの起点もブログにあって、そこから他のいろんなサービスに広がって動いていくという感じですね。だから、ブログを書いてくれるユーザーには毎日アクティブに書いてもらい、更にそれを見に来る人たちが

〔2〕　ＣＧＭ／コンシューマー・ジェネレイテッド・メディアの略。ユーザーが内容を生成していき、集合知を形成するようなメディアのこと。その一つとしてブログが挙げられる。他に「クックパッド」や「食べログ」など評価を投稿できるクチコミサイトや、ソーシャルネットワーキングサービスなどがこれにあたる。

いっぱい集まってくれるのが理想です。それが、インターネットメディアのビジネスのベースをつくっていく部分になるわけです。

ユーザーをアクティブに動かしていくためには、彼らが書きやすい環境をつくっていくこと。読む人にとっても「また来たい！」と思わせる構成を考えること。それが、ブログサービスにおける私の仕事になります。

Ａｍｅｂａという世界にずっと居続けてもらうために重要なことは、ユーザーがこの世界を訪れて動き回る、そのモチベーションをいかに高めるかということ。これに尽きます。そこで、ブログを書く人たちのモチベーションを上げるための、いろんなサービスや機能を提供しています。

①毎月、ランキングでカードをあげる

ブログを書くユーザーの方たちに参加していただいて、「たくさん読まれればランキングが上がる」という仕組みです。更に、月間のランキングのなかで順位が大幅に上がると、私たちからカードをプレゼントします。〔3〕

このカードを持っているということで「すごくがんばっているブロガーだ」ということが読者にわかり、書く人は「もらえてうれしい、次もがんばろう」と思える。しかも一回もらえれば満足ではなくて「何回も何回も集めたい」と思わせ

〔3〕 このランキングのサービスには副産物がありました。私たちとしては、書いている人に「おめでとう、がんばったね♪」とカードを渡しかっただけでした。でも書いている本人は「読んでくれている人たちのおかげで、もらえた。読んでくれている皆さん、ありがとう」という気持ちになったようで、カードをもらった人の記事を読んでみたらそういう記事が本当に多かったんです。そこで初めて私たちも、カードをあげた書き手の更にその向こうにいる、読み手であるユーザーの顔も見えた。そういうコミュニケーションのきっかけにもなっていたということが、すごく嬉しかったですね。（小澤）

て継続させるために、毎月違う、限定感のあるデザインのカードにしているんです。「ハロウィン」とか、「Ameba5周年記念」、「皆既日食」などその時々のモチーフで、今しかもらえない限定のデザイン。「集めたい欲求」を刺激する、トレーディングカードみたいなものです。もらったカードは、画面上の「コレクション」という欄にたまっていきます。

　ここで重要な存在であるのが、「ブログに貼る」というボタンです。これは、クリックすればすぐに、ブログを書く画面に行くことができる導線です。「カードをもらった、嬉しい！　さあ、このことをブログに書こう」、そう思ったらすぐに、ワンクリックで記事内にカードを貼り付けた状態でブログを書くことができるようになっています。

　ネットでは、思ったときにすぐアクションできる環境があるかどうかが、本当に重要です。思ったときに、そこに何らかの導線、アクションポイントがなければ、その思いはすぐに冷めていってしまうんです。すべてのページで、「この文章を読んだらどう思うか」「このデザインを見たらどう思うか」などユーザーの思いを分析して、「思ったらすぐ行動」できる導線をつけておく。これが重要なことです。でもあまりにもあちこちにアクションポイントがありすぎても使いにくいし、ユーザーが迷ってしまうので、バランスを見て、ページ内でメリハリを

つけています。

このカードを贈呈するときには毎回、文章を私が書いているのですが、かわいらしくてゆるい感じの文体で書くようにしています。敢えてそういう温度感にしているんです。

私たちは常に「ユーザーとの距離感をどの辺りに保つか」ということをすごく考えていますが、Ａｍｅｂａはもともと柔らかい印象を持たれていることが多く、サイトの色合いやキャラクターもユーザーに「近い」イメージがあると思います。ここでは更にもうちょっとだけ距離を近づけたかった。親近感を持ってもらいたかったんです。だから、単に上から目線で「おめでとう」というのではなく、「がんばったね、これからもよろしくね♪」くらいのところで渡したいと思って。

一つのサービスを考える上では常に、「どういうユーザーが対象になるか」ということから考え始め、「それなら、どういうコミュニケーションの仕方をしようかな」と、距離感だったり、コミュニケーションの頻度だったりを考えるようにしています。〔4〕

②自分のブログのジャンルを選んでもらう

Ａｍｅｂａのブログにはいろんな「ジャンル」が設定されていて、自分のブロ

〔4〕 ポータルサイトやブログサービスは、媒体ごとにわりとそれぞれのカラーがはっきりあるんですが、Ａｍｅｂａのユーザー特性は、本当に一般的な方だと思います。テレビも観るし、雑誌も読むし、わりと芸能系のニュースも好きだし……という方々。そして、「Ａｍｅｂａブログ」には、有名人会員がすごく多いんですね。もうほぼ、「芸能人ブログはＡｍｅｂａ」という一般的認知をいただいてるような状態で。それは「そこにどんな人が、どれだけ集まっているか」で選んでもらえているんだと思います。「Ａｍｅｂａでブログを書けば、ファンがついて盛り上がるよ」という構造が、Ａｍｅｂａの持つユーザー特性によって、どんどん膨らんでいるんですよね。（小澤）

グがどのジャンルに属するかを選ぶことができます。このジャンル、以前は30か40くらいしか項目がなかったんです。それを見直して、今は300項目くらいの「ジャンル」をつくりました。たとえば「気分」という上位概念のカテゴリがあります。そのなかに「ハッピーライフ」「子育てブログ」「歴史好き」など、かなり細分化されたジャンルがあるのです。

「一つのジャンルに属するブログが少ない方が、自分のブログが検索されやすい」ということももちろんあるのですが、それだけではなくて、実はジャンルを細分化することで自己表現を楽しめるようになったんです。

以前「ジャンル」が少なかったときには、選択肢がないため一度選んだらみんなそのままジャンルを変えませんでした。ジャンル別ランキングもやっていましたが、一つのジャンルにあまりにも多くのユーザーが属しているため、がんばっても順位は全然変わらない。ユーザーのモチベーションにまったく結びついてなかったんです。で、これはいけないと、ジャンル名を見てすぐに「ああ、私、これこれ」と思えるような、選びやすいジャンルをたくさん用意しました。どれも一般的な感覚があって、親近感のあるものばかりです。

「気分」のなかにはたとえば「くだらないブログ」なんていうのもあって（笑）。それは「あなたのブログ、どんなブログですか？」と聞いたときに「これについて書いています」と言う人は案外少なくて、「いや、くだらないこと書いててね」と答える人が多いから。選びやすいでしょう？　「お仕事・就職」のなかには「サラリーマン」「社長」「広報」「クリエイター」みたいな職種のジャンルはもちろんありますが、「OL」の他に敢えて「地味OL」とか「のんびりOL」なんていうのもあります。

自分を表現するキーワードは意外といっぱいあると思いますが、あまりにも絞られすぎたなかからでは選べなくなってしまうと思います。だから、誰でもちゃんと選びたいジャンルがあるように、選択の幅を広げたのです。しかも、属するジャンルは2つまで設定できるようにしています。ちなみに、私は「ちびっこOL」と「飲んだくれ」です(笑)。普通はあり得ない組み合わせだと思いますが、そうやって自分を表現しているんです。

そして、こうやってジャンルが細分化されることで、ランキングの順位も上がりやすくなりました。がんばって書けば、ちゃんとランキングが上がる。以前のすごく少ないジャンルのなかだと、何十万位とかのまま、全然変わらない。百万位まで入るのもけっこう大変だよ、という感じだったんです。細分化されたことで、「がんばったら、300位から15位に上がった！」みたいな喜び、モチベーションを提供できるようになりました。

様々なカテゴリに設定されたジャンルから、2つを選ぶことができる。

カテゴリ・ジャンルには…

「気分（ハッピーライフ／まったりブログ／どんぞこブログ／キュートな毎日…）」
「人柄・性格（乙女ブログ／ヒゲ／脱メタボ／腐女子…）」
「年代・世代（大学生／平成生まれ／アラサー／受験生…）」
「結婚・育児（主婦／子育てブログ／ベビ待ち／婚活ブログ…）」
「お仕事・就職（地味OL／ダメリーマン／社長／ニート…）」
「グルメ（食べ歩き／B級グルメ／おうちゴハン／OLランチ…）」
「ファッション・ビューティー（ネイル／ダイエット／ファッション／クラウンジュエル…）」
「芸能・エンタメ（ゴシップ／お笑い／韓流スター・ドラマ／声優…）」
「絵日記・小説（4コマブログ／恋愛小説／エッセイ／ポエム…）」
「恋愛（国際恋愛／遠距離恋愛／片想い／秘密の恋愛…）」
「ペット（猫／犬／ペット／ウサギ…）」
「ライフスタイル（一人暮らし／田舎暮らし／エコライフ／留学…）」
「暮らしの情報（健康・医療／学び・教育／金融・マネー／海外情報…）」
「趣味（お買い物／フォトブログ／神社仏閣・仏像／ジョギング・マラソン…）」
「その他（ひとことブログ／自虐ネタ／癒し／書籍化ブログ…）」など

ジャンル間の移動は結構激しくて、毎日だいたい3千人くらいがジャンルを登録し直して動いていますね。それは、「ジャンル」がちゃんとユーザーのモチベーションにつながっているからだと思います。

③簡単で使える管理画面

ブログサービスの核となるページは、ユーザーがブログを書く管理画面です。ここを使いこなしてブログを書いてもらうことが重要です。ブログを書いてもらわないとPVは生まれないし、流行りもしないし、ビジネスとして成り立たない。だからこの画面の構成については、使い勝手がいいように、すごく考えています。特に、ユーザーが実際に書き込む「エディタ」といわれる範囲は、ものすごく重要。ここにある文字のサイズ、色、文字の装飾形、画像……すべて細心の注意を払って置いています。

まず、無駄なものは置かない。ここに置く情報が2行にも3行にもなってしまうと、それだけユーザーが書き込む画面が下の方になってしまうから、使いにくい。あと、たとえばブログの装飾もこの画面上で設定しますが、それも文字系とブログ全体の装飾系に分けて、配置しています。「何か煩雑だな」と思ったときには、もっと適していると思われるパターンを考えて、並べ変えたり、削除したりしています。ボタンは、縦並びより横並びのほうがクリックしやすいんです。人間の目は自然と左から右に読んでいこうとするので、左上から右下に向かって、必要な順に配置します。「管理画面に戻る」のボタンは左に置き、逆に、アクションボタンは読んだ後に押したいので右側のほうが操作しやすいだろう……と、ユーザーの行動パターンを考えて、そういった画面の使い勝手を常に精査しています。

カスタマーサポートで受けるユーザーからの問い合わせも定期的にキャッチアップして、対応しています。要望が多いもので、「これは今やらなければクリティカルだ」と判断したものは、すぐに実行する。一方で「少数派の意見かも」と感じたときは、「次のタイミングで一緒に対応しよう」というように、優先順位を付けていく。そういう判断をするのも、プロデューサーとしての役目です。限られた人数でスピード感を持ってパフォーマンスを発揮するには、瞬時の判断が大切。あとは世界観や色合いだったり、本当にそれが自分たちの媒体の特性に合っているかどうかです。

「Ａｍｅｂａブログ」の記事投稿画面。使いやすさを考え、様々な工夫がなされている。

人を集めて逃さず、アクティブなユーザーに育てる

更に、ネットの編集において重要な課題がもう一点あります。それは、新しい

ユーザーを獲得すること。もともとのユーザーにAmebaの世界に居続けてもらうのはもちろんのことで、更なる新しいユーザーを開拓していくことが必要です。新規のユーザーがいないと、同じ人に何度も同じ広告を見せることになって広告効果も落ちてしまうので、広告出稿していただく広告主にとっても、魅力的に映らない媒体になってしまいます。ですから、その部分は常に考えて、対策をしています。

①ユーザーにわかりやすい世界観をつくる

たくさんのサイトが争うなかでユーザーを集めるためには、そのサイトの持つ世界観、つまりコンセプトを明確にすることはすごく大切です。その世界観によって他のサイトとの差別化が図れるし、選ばれる。それはユーザーにとって、Amebaという世界に滞在する根拠にもなるわけです。そこでユーザーの心を捉えられれば強いんです。

たとえばAmebaには、「AmebaGG」という女性向けのサイトがあります。このサイトを立ち上げたとき私たちが一番に考えたのは、まずユーザーの属性や求めているものを見極めること。そして、それを満たすサイトのコンセプトと構造を確立し、際立たせることでした。

Amebaのなかには、「AmebaGG」の前身である「girlsgate」と「@woman」という、2つの女性向けの媒体が存在していました。でもこの2つは読者の属性が全然違っていて、「girlsgate」のほうはかわいい普通の女の子たち。「@woman」のほうは、働くキャリア女性がメイン。だけどそもそも、Amebaの主要なユーザーには、主婦のブロガーが多い。そういう3つの属性が混在していて、全然親和性が取れてなかったんです。それが大きな課題でした。せっかくユーザーがいるのに、Amebaという世界のなかでの相乗効果をつくれない、もったいない状況。しかも「girlsgate」を見ていたユーザーが歳を重ねたら「@woman」を見るかといったら、属性が違うから、見ないんですよ。そこでユーザーがこぼれて離れてしまっていたのです。

そこで、それらをうまくつないで「Amebaユーザーの女性」像を確立できるコンセプトを考えてみたんです。Amebaはやっぱりブログを書いている人たちが読むような媒体だから、まずは影響力がありそうなブロガーをしっかりトレンドセッターとして上に置く。そして、そこに付いていく女性たちを囲い込んでいこう。そういう方向性をしっかり定めました。

まず「girlsgate」を読んでいたユーザーの層からは読者モデルを際立たせました。「@woman」の読者と主婦のブロガーたちは、年代は同じ30代中心。彼

女性ブロガーのための情報サイト、「AmebaGG」。「ファッション&ビューティー」「ファミリー」「ライフスタイル」といったテーマごとに、新情報や人気ブロガーの記事が並ぶ。

女たちに向けては、女であり妻であり働く女性である、仕事もプライベートも充実している女性像を打ち出しました。更に加えて、今まで足りなかった年齢層、10代後半から20代前半くらいのちょっと「ミーハー」な女の子向けのコンテンツもつくりました。そして、その3つの属性を並べたときに見えた共通軸が、「自分磨き大好き！」というコンセプトだったんです。

Ａｍｅｂａユーザーの女性たちは、誰かをモデルにして「この人のようになりたい」という思いを持っている。自分磨きをするために、情報が欲しい——。この軸は、Ａｍｅｂａの主力であるブログサービスとの親和性もあります。彼女たちは影響力のあるブロガーが好きだし、自分も情報発信するのが好き。得たり発信したりする情報を自分に活かしていくことが得意ですから。そういう軸を持った層を、年代別に取っていった。そしてそのコンセプトがあるから、ユーザーの年齢が推移してもこぼれることがないんです。これは大きかったですね。

「ＡｍｅｂａＧＧメンバーズ」という会員組織がありますが、会員に何かを依頼すると即座に集まってきてくれます。美容がテーマのパーティーをやると言えば、「行きたい、行きたい！」となるし、「あなたが使っているマスカラは？」など聞くと、すぐに「私のオススメはこれ！」と声が集まる。それがコンテンツになるし、広告主にとってもターゲットがはっきりしているので、私たちは広告を獲得しやすい。ユーザーの属性を絞って面をつくれば、それだけ広告的な付加価値が高まるんです。つまりいろんな人たちがいる面をつくるよりも、「その人たちしかいない」面をつくるほうが、広告収益につながるんですね。

いかに私たちのほうでサイトのコンセプトを定め、それに沿ったサイトを編集していくか。ユーザーの気持ちにマッチした、際立ったコンセプトがあれば、ユーザーは離れていきません。そのサイトに所属する根拠や満足感を提供できるから、ずっと居続けてくれるユーザーを育てていくことができるんです。それは効率的に広告効果を生み、ビジネスにも大きく寄与しています。

②検索サイトから新規ユーザーを取り込む

それまでまったくＡｍｅｂａに来たことがない人を集客したいと思ったら、まずはなんとかして知ってもらい、興味を持ってもらわなくてはなりません。そのためのテクニックとして、基本的で一番大きな策に、ＳＥＯがあります。ＳＥＯとは「サーチエンジンオプティマイゼーション」の略、つまり「検索エンジン最適化」のことです。

皆さんがどこかサイトを探すとき、まずは検索エンジンで検索をしますよね。そのとき、もしこちらがユーザーの求めているものにいくらマッチした情報を持っていたとしても、検索結果の上位に表示されなければ、ユーザーに知ってもらうことができません。だから、上位に来るようにいろいろ対策をする必要があります。それがSEO。

たくさん検索されるキーワードのことをビッグワード、ニッチなキーワードをテールワードといいますが、一般的にユーザーはまずビッグワードで検索して、ヒットすればそのサイトに入ります。欲しい情報が引っかかってこなければ、2個、3個とキーワードを掛け合わせていきます。その掛け合わされたものがテールワードに近くなってきて、検索する人の数も減っていきます。

つまり、入ってくる人の絶対数では、ビッグワードのほうを獲得するに超したことはないのですが、それに応じて競合サイトも多くなる。そこをどう取るかも考えつつ、一方、テールワードではニッチになればなるほど競合も少ないので、そこは絶対勝ったほうがいい——。SEOのなかで、どのキーワードを取りに行くかという戦略は非常に大事です。

たとえば、「3分でできる料理」のコンテンツならどこにも負けないというサイトの場合。「料理」というキーワードだと、検索をかけられたときに、それこそ山のように出てくるわけです。そこでトップを取るのは難しいかもしれないけど、3ページ目、4ページ目では必ず取れるようにしておく。で、更に「3分

後発が検索で勝つ法則

ビッグワード × テールワード

料理」と掛け合わせて検索されたときには絶対に上位に来るようにしよう、というわけです[5]。

それから、検索結果のところに説明文が書いてありますよね。あれはディスクリプションといって、運営側で設定をしています。要はそのキーワードで検索した人が、その説明文を読んでクリックするかしないかが勝負。検索結果に出ただけではまだ、そこは私たちのサイトではないですし、そこからクリックしてもらうことが大事。だから、そのキーワードにマッチした人たちの属性や、クリックしたいモチベーションは何かというのを考えて、魅力的な説明文になるようにしています。

③不快感の排除で定着率アップ

そうして新規のユーザーが来てくれたら、次の段階として、繰り返し来てくれるユーザーとして定着してもらうことが大切です。

定着してもらうための対策の一つとして、新規ユーザーが会員登録をして、初めて管理画面、つまりブログを書く画面に来てくれたときに、使い方を教えるアニメーションが起動する仕掛けをつくりました。ゆるくて可愛いキャラクターたちが、使い方を教えてくれるんです。「ブログを書いてみたいな」と思ったとし

〔5〕キーワードには、たとえば季節性のものとか、イベントに関係するものとか、ある日突如検索されるネタになるものがあります。そこを察知してつくれるかどうかというのも、かなり大事なことだと思います。（小澤）

ても、本当に初めてサイトに来てくれたときには、そもそもまず何をすればいいのかさえわからないよ、という人が多かった。だからまずは、やさしい印象のキャラクターが手取り足取り教えるという仕掛けです。

ここでも、使って不快感がない、居心地良く感じてもらうことがまず何より大切。だからこのアニメーションも強制的に見せるのではなく、「見る」「見ない」がボタンで選べます。「見ない」を押すとキャラクターが悲しむんですよ(笑)。「見る」を押すと花が開いたりして、キャラクターたちが喜んでわーっと画面上の説明ポイントに散っていく。「このＡｍｅｂａのキャラクターがかわいい」と言ってくれるユーザーが多いです。キャラクターたちにもそれぞれ役割や性格があって、Ａｍｅｂａの世界観の表現にもなっています。アニメーションを見ている間も、いつまで続くのかわからないのは不快感を与える可能性があるので、ちゃんと画面上に残り時間のカウンターも置いています。

アニメーションが終わると、すぐにアクションポイント、つまり「ブログを書く」というボタンがあります。もちろん「後で書く」とか、わからなければアニメーションを「もう一度見る」も選べます。

どこまでもわかりやすくやさしく、押しつけ感はなく、「やってみようかな」と思ったらすぐ押せる絶妙なタイミングでアクションポイントを置く。初めて来

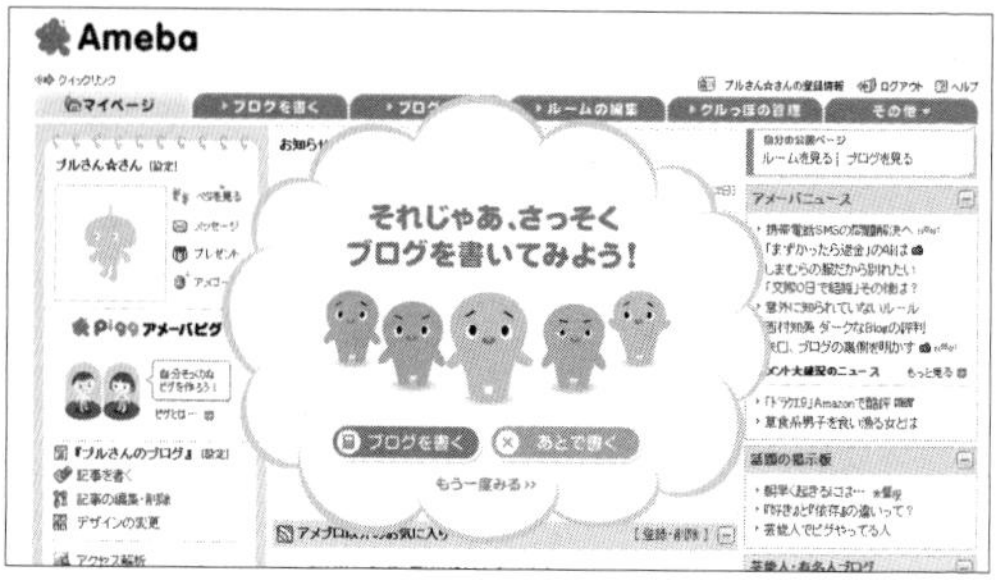

「Amebaブログ」をはじめるときにナビゲーションしてくれる画面。キャラクターたちが「たとえばこんな感じ!」と例を挙げながら説明してくれる。

てくれたユーザーに定着してもらうために、ストレスなく居心地良く使ってもらえるよう、細心の注意を払ってつくってあるんです。

この仕掛けで実際に、新規ユーザーの定着率は1〜2%上がっています。もともとの数が大きいので、1〜2%といっても、本当に大きな数字です。

新たな挑戦

Amebaというプラットフォームを使って、私たちが力を入れている新しい挑戦が、「アメーバピグ」という仮想空間のサービスです。これは、自分のアバター、つまり自分の分身をつくることができて、それを通じてユーザー同士がコミュニケーションできるサービスです。アバターは、髪型や目や鼻や口、服装などを選んで着せ替えて、自分そっくりにつくることができます。いろんな仮想のエリアがあって、そこに行くと他のアバターたちとチャットでお喋りできます。Amebaは芸能人会員が多いこともあって、仮想の街を歩いていると、ばったり芸能人のアバターに出会ったりする、なんてこともありますよ（笑）。ジャンプするとか、いろんなアクションもあって様々な表現ができるので、すごく自然なコミュニケーションが本当にその場でできてしまうというサービス。インターフェースにもかなり注力しています。この「ピグ」は、開始1年で会員数が200万人を突破し、ものすごい勢いで伸びています。

なんでこのサービスがつくられたのかというと、Ａｍｅｂａのなかで、もっとユーザー同士をつなぐような仕掛けをつくりたかったから。たとえばブログももちろんユーザー同士のコミュニケーションが成立するんですが、それとは別に、もっともっとリアルで距離の近いコミュニケーションができる場を提供したい、そういうサービス軸なんです。バーチャル空間ではありますが、そんな場をつくることで、Ａｍｅｂａという世界にどんどんハマってもらって、ここに来ずにはいられないようにしよう、と。ユーザー同士、つながりができれば、なかなかそれは絶ち難いし、お互いに会いにまた来たいと思いませんか？

そういったリアルなコミュニケーションができるサービスとして「アメーバピグ」を提供し、Ａｍｅｂａの他のサービスともつながりを持たせています。たとえば相手のアバターをクリックするとその人のブログを見に行けるという導線があったり。クリックすればその本人がわかる仕組みになっています。芸能人のアバターも、ブログを見に行けば、本物だということがすぐわかります。

そんなふうに「ピグ」のサービス単体だけで盛り上げるのではなく、ブログなど他のサービスとのつながりを持たせているんです。

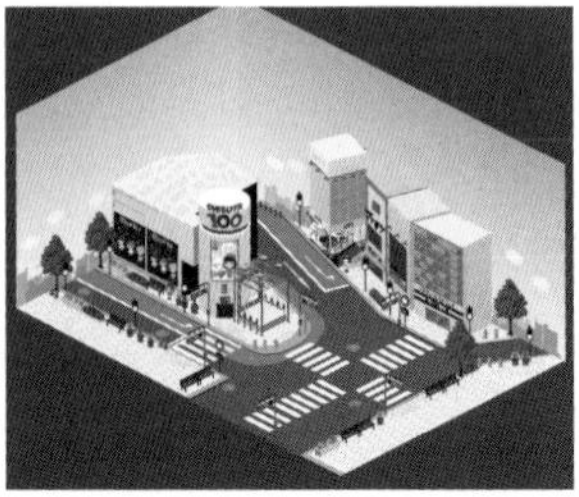

自分のアバターを作成し、着せ替えやチャットを楽しめる仮想空間。ミニゲームなどのサービスもある。会員数400万人（2010年6月7日時点）

なお、「アメーバピグ」の収益モデルはユーザー課金です。アバターの洋服や部屋のインテリアなどのアイテムを購入していただく、という仕組みです。

基本的には、ユーザーからお金をもらおうというのは一番最後の話で、まずは私たちはいろいろなサービスを提供して、ユーザーにどれだけたくさん使ってもらえるかというところに注力します。その上で、それをどう収益に変えるか、ということを考えています。

ユーザーはＡｍｅｂａのサービス上で使用できる仮想通貨「アメゴールド」を購入。それを使って「アメーバピグ」でアイテムやペットを買ったり、他のユーザーにプレゼントを贈ったり、ブログのデザインを変更したりしてＡｍｅｂａの世界を楽しむ。

空気を読みながら編集する

ネットって、紙の媒体と違って「つくって終わり」ではなくて継続していくものなので、つくった後もユーザー視点に立って、サービスをプロデュースし続けていく必要があります。クリック数やＰＶ数が全部数字で見えるので、自分たちが打ち出したことが本当に当たっていたのか、すぐにわかる。ユーザーが興味を持たなくなった瞬間「まずい！」と気付きますし、「いかに興味を持たせるか」を常に考えています。いつも「これ、興味あるでしょ？　どうですか、どうですか」と提案しながら、ずっとユーザーの反応を見続けているんです。

おそらく雑誌だと１ページ１ページがコンテンツとして独立して成り立ってい

広がるAmebaの収益モデル

広告モデル

サービス上で広告を掲出する対価として、クライアントが広告料を支払う

展開方法

- ○ **テキスト広告**
- ○ **バナー広告**
- ○ **タイアップ広告**

など

ユーザー課金モデル

サービス内の機能の利用やアイテムを購入する対価として、ユーザーが料金を支払う

展開事例

- ○「**アメーバピグ**」のアイテム課金
- ○ユーザー同士がプレゼントを贈りあえる「**Ameba プレゼント**」
- ○ブログ内の広告を外したり、画像アップロード容量を増やすことができる「**プレミアムサービス**」

るのでしょうが、ネットの場合、ブログという特集の1ページ目の人と120ページ目の人が地下で繋がっていて、更に「ピグ」のような別の世界でも出会っている……という状況。だからプロデューサーとしては、一つひとつのページの構成も考えますし、ある1ページと別の1ページが裏側でどうつながっているかというシステムも考えてやっています。いろんな方向からユーザーの動きを読んで、広告もよりクリックされるように、出てくる割合や場所を考える。いろんな面から考えて編集するのが、ネットのCGMメディアの編集。そして、結果的にユーザーを増やし、メディアを大きくしていくのです。〔6〕

インターネットメディアを大きくするためには、今まで話してきたように、ユーザーの使い勝手の良さを第一に考える。やっぱりこれが重要です。

常に考えて、改善できることをやっているんだと思います。ユーザーの属性というのも時代や流行でどんどん変わっていくので、それにも対応していく。利用状況から課題を発見することも大切です。「何か問題あるかな」と考えて、対応していくことで利用者も増える。状況を見て、最善の策を実行していくことが大事なんだと思います。

これはネットらしくない言葉に聞こえるかもしれませんが、私は、何より大事なのは人だと思っています。ユーザーの方がいて初めて成り立つビジネスですし、

〔6〕新しいサービスや機能のコンセプトメイキングは1〜2週間で決めることもあります。課題はわかっているので、スピードが大切だったりもしますし。企画を決めてから実際にリリースするまでの期間は、規模にもよりますが、早いもので1ヶ月、遅いもので半年くらいです。半年かかるプロジェクトは相当大きいですね。私たちはよく、中長期的な施策を行いつつ、同時に短期的な施策を行います。中長期的なものばかりやっていたら、いつまでたっても変わらないから。だから、中長期的な施策を一つやるなら、短期的な施策を10個、20個とやる。そうして変化を与えていくようにコントロールしています。（小澤）

とにかく使ってもらって、友達に紹介してもらって、人のつながりでできている仕事だな、と思うんです。だから、ユーザーとの距離感をわきまえるとか、相手のことをちゃんと考えてサービスを企画するとか、ラベリングやネーミングに至るまで、すべて「人を大事に考えてやっている」ということが重要。空気を読むというか。

そんなふうにつくっているサービスの一つで、「ブログネタ」というものがあります。共通の「お題」を設定して「このテーマでブログを書きませんか？」と、私たち運営側からユーザーに投げかけるんです。ブログを毎日続けて書けるほどネタがない人もいるので、こちらから「今日の朝ご飯、何食べましたか？」「ブログのタイトルって、どうやって決めましたか？」などと、問い掛けをするんです。すると、それに応えて書いてくれるわけですね。そうするとブログの記事が増えるし、PVも増える。そして、この「ブログネタ」でブログを書き続けると、「すんも」というお相撲さんみたいなキャラクターが育っていきます。「新弟子」から最終的には「横綱」を目指す。

この「ブログネタ」が、かなり盛況なんですよ。ある意味、新しいコンタクトポイントの創造といっていいかもしれません。なんだか、個人に語りかけるラジオみたいな感覚ですね。「距離感を見る」という意味では、このサービスが本当

「ブログネタ」の一覧。会員登録した属性情報などから、ユーザーに合ったテーマが配信される。「今から楽しみなテレビ番組」や「実は○○のファンでした」など、答えやすく、かつ話題が広がりやすそうなものばかり。そのネタで書いたブログの評価がたまると番付が上がっていき、「クチコミ横綱」に。

にそうだと思う。ユーザーが書いていく上で「困った」とか「これがあったらいいな」と思うようなところを、空気を読んで用意している、そんなサービスです。

そしてこれは、ユーザーエクスペリエンスにも結び付くことだと思います。ユーザーエクスペリエンスとは、いろんなサービスを通じて、使った人が単純に「役に立った」とかだけじゃなくて、「使っていること、その体験自体に価値がある」と思ってくれることです。Ａｍｅｂａを通じて、たとえばブログが書けるというのは最低限提供しないといけないことですが、いかにそのブログを書くなかで「楽しい」とか「やりやすい」「面白い」と思ってもらうかというのが、すごく重要かなと思っています。それを中心に考えている。だから単純に「便利なものを出せばいいんでしょ」ではなくて、「便利」とか「何かできる」というのは当たり前で、そこに楽しさとか面白さとか、そういう要素を組み込むのが大切だと思います。それがたぶん、Ａｍｅｂａにハマってくれるきっかけだと思いますし、ここにしかない、そのサイトでしか得られないものだと思うので、他のサイトとの差別化にもなるはず。

今、「ネットのなかでの自分表現」や「誰かとつながる」という切り口のブログという場は、ユーザーにとって当たり前の状態になってきていると思います。それが、この先10年、20年経ったときにどうなっているか、そのかたちは正直、私たちにもほとんど見えません。でも、人のつながりは絶対になくならないですよね。私は、Ａｍｅｂａはそういったつながりを提供することがメインテーマだと思っています。だから、もしかしたらブログじゃないかたちでそれを編集していくということも、将来的にはあり得ると思います。顔を直接合わせることはないけれど、それはまさにリアルなコミュニケーションで、ユーザーと近い距離で、サービスが成り立っていく。そこを外さない限り、たとえかたちが変わってもずっと続けていけると思っています。

おわりに

紙とデジタルが共存する時代

デジタル化が進むと紙メディアが崩壊する、と悲観的なことを言う人がいます。一方でデジタルだけが今後のコミュニケーションのツールになると喧伝する極端な人もいます。私はデジタル化が進んでも、紙メディアがなくなるとは思っていません。

もちろん、新聞やビジネス書など多くの出版物はデジタル化の流れのなかにあると思います。しかし、紙メディアは紙メディアとしての価値を見出していくと考えます。今より価格は高くなるでしょうし、より趣味性の高いコンテンツに特化していくかもしれません。でも、手に取れるかたち ―― パラパラとページを俯瞰できるかたちでコンテンツを持っていたい人はいなくならないと思います。ネット環境に接続できなければ、いくらクラウドが便利だとしても雲上の図書館にはアクセスできないわけですし。

情報の受け手としては、紙・PC・モバイル・読書端末など、自分が一番使いやすいフォーマットで情報を手に取れる便利な時代に突入したと捉えるのが正解ではないでしょうか。

「越境」する編集能力

情報の受け手が紙（書籍、雑誌）、PC、モバイルと情報を受け取るチャネルを選べるように、情報の発信側も自分の発信したい情報を書籍のかたちにするのか、ツイッターでつぶやくのか、モバイルコンテンツにするのか、自由に選べる時代になりました。出版という概念を「人に情報を伝えること」と捉えれば、「情報発信側も一番効果的なメディアを選択し、情報を伝えることができるようになった」と、ここもポジティブに考えていいと思うのです。

しかし、様々なチャネルが濫立する今、情報の送り手には新たに「越境する」編集能力が要求されるようになると考えます。

情報とそれぞれのメディアには「相性」というものがあります。情報にはそれぞれのメディアに合った佇まいがあると言ってもいいかもしれません。たとえば、女性ファッション誌の見出しで「もてカワ一週間コーデ　これであなたもセレブ！」と書くのはおかしくありません。むしろ、ターゲットの心をつかみます。が、このタイトルをそのままネットニュースのタイトルにして流したらどうでしょうか？　すぐに炎上です。「セレブ（藁）」、「コーデ死ね」などという書き込みがあふれてしまうでしょう。

雑誌というメディアは、その世界に同意した読者がお金を出して楽しむメディアです。ですから、その世界のことをわかっている人に向けたジャーゴン（専門用語）を多用するコミュニケーションが行われます。「ブルータス」に「マルタン・マルジェラのようなシンプルなデザイン」と書いてあっても、読者は一瞬にしてその表現を理解するのです。

一方、ウェブは不特定多数の人が目にするメディアです。ネットニュースはマニアックなイメージがありますが、実はたいへんジェネラルな語り口で書かれています。ネットニュースはまずは多くの人に読んでもらい、そのなかに結果としてターゲットとする人が含まれている。そういう情報の伝わり方をするメディアなのです。ですから、最初からターゲットを絞った書き口の記事は炎上してしまいます。

ニュートラルに考えよう

先述したように、企業の情報を発信する宣伝部・広報部、あるいは広告会社やPR会社の人は、ある情報を発信するのに市販の書籍が向いているのか、雑誌のコラムが向いているのか、ネットニュースが向いているのか、ツイッターのつぶやきが向いているのか、見極めなくてはなりません。もちろん、これらの施策を組み合わせたクロスメディア的なやり方もありますし、クロスメディア的なやり方こそが主流になると思われます。

私が代表を務める博報堂ケトルは、クライアントのためにもっとも効果的なコミュニケーションをプランニングして実施する広告会社です。

人は慣れ親しんだ手法に頼ってしまいがちですが、ケトルではそれ以外のやり方がないかを必ず考えて、最終的に手段を選ぶようにしています。たとえばCMは短時間に多くの人にメッセージを伝えることができる強力な武器です。しかし、すべてのコミュニケーションにおいてCMが最適なツールだとは限りません。企業の社長が記者会見することが最大の武器かもしれません。もしかしたら、自社メディアともいえる店頭での店員のひと言を変えてみることで売り上げが伸びるかもしれません。

もちろん、結論としてCMを選択することも多いです。でも、ニュートラルに可能性を探る作業を経ることで、もっとも効果的なメディアを選ぶことができるのです。

今、情報発信をする人たちにこの「ニュートラル」な感覚が求められていることを強く感じます。すべての情報が紙媒体に向いているわけではありませんし、逆に紙だからこそ深く伝わる情報もあるはず。伝えるべき情報はどんな乗物に乗って世の中に出て行くほうがいいのか、判断するセンスが問われる時代なのです。

もちろん、未経験のメディアを使うことに抵抗感を覚えることもあるでしょう。前述の炎上のような事態が起こらないよう、メディアごとに異なる「編集」のスキル・作法を知る必要もあります。でも、大事なことは「情報」を正しく、深く、多くの人に知ってもらうことです。その価値に人はお金を払います。情報に接触したときの受け手の気持ちを想像できれば、おのずとメディアごとの「編集」の作法も理解できるはずです。

「情報」という生き物がいきいきと活躍できる場をつくってあげること。極論すれば、ある情報を的確に伝えるために、新しいメディアをつくるくらいの気概を持つことが「21世紀の編集」スタンスだと私は考えます。

デジタルツールのおかげで誰もが情報の発信側にまわれるようになりました。編集というスキルの介在が不要になったという意見を聞くこともありますが、絶対にそんなことはありません。コンシューマージェネレーテッドな情報が自動生成される今こそ、ある視点を持った「編集」が価値を持ってくるはずです。「ブランド」となり得るメディアは、そこから生まれるのです。

嶋 浩一郎　博報堂ケトル　編集者・クリエイティブディレクター

1968年生まれ。上智大学法学部卒。1993年博報堂入社。コーポレートコミュニケーション局に配属され企業のPR・情報戦略に携わる。2001年から2003年、雑誌「広告」(博報堂) 編集長。2004年「本屋大賞」立ち上げ。2006年、既存の広告手法にとらわれない課題解決を目指し、博報堂ケトルを設立。近年の主な仕事に「社長島耕作就任キャンペーン」(講談社／サントリー)、「週刊少年サンデー・週刊少年マガジン50周年」コラボ企画 (小学館／講談社)、「Green Road Project」(KDDI)、雑誌「『旬』がまるごと」(ポプラ社) プロデュースなど。カルチャーマガジン「LIBERTINES」(太田出版) 共同編集長、インターネット情報配信サービス「赤坂経済新聞」編集長、NPO本屋大賞実行委員会理事。

ブックデザイン　菊地敦己・北原美菜子 (ブルーマーク)

人が動《うご》く ものが売《う》れる編集術《へんしゅうじゅつ》

ブランド「メディア」のつくり方《かた》　NDC674

2010年10月22日発行

編　者　嶋《シマ》 浩一郎《コウイチロウ》
発行者　小川雄一
発行所　株式会社誠文堂新光社
〒113-0033　東京都文京区本郷3－3－11
〔編集〕電話　03-5800-3614
〔販売〕電話　03-5800-5780
http://www.seibundo-shinkosha.net/
印刷所　広研印刷株式会社
製本所　株式会社ブロケード

ISBN978-4-416-81037-8